イラスト＆図解でかんたん！

Joo式 韓国語レッスン

Joo
じゅー
韓国語講師

JN039823

JOO SOUND

KADOKAWA

はじめに

アンニョンハセヨ。
韓国語をちょっと楽しく紹介する猫、Jooです。

いきなりですが、韓国語について話す前に、私が数ある外国語の中で「なぜ日本語を勉強したのか」について、少しお話ししたいと思います。韓国で生まれた私が、日本語を勉強したいと思ったのは高校生の時です。日本語や日本の文化に興味を持ち、特に日本独特の「相手への思いやり」という文化にとても惹かれました。そして、そのような日本の文化が「日本語」という言語にも溶け込んでいることがわかり、自然と「日本語についてもっと知りたい！」と思うようになりました。

たとえば「すみません」という言葉は、私のような外国人は、最初はただの「謝罪」の言葉として覚えます。ですが、日本の文化、国民性がちょっとずつ理解できるようになると、その奥深い意味がわかるようになったんです。

そういった気づきから、「その国の言語を正しく理解するためには、その国の文化を理解することがとても大事なんだ！」と思うようになり、日本に留学することを決意。約20年間の韓国での生活に終止符を打ち、日本で生活を始めることになりました。

それから、日本で学生、社会人として暮らした経験を経て、現在は韓国語講師や教育コンテンツをとおして韓国語を楽しく紹介する活動をしています。

本書は、韓国語をこれから学んでみたいと思っている人や、学び始めたもののちゃんと理解できているか不安に思っている方のために書きました。

日本語と韓国語、言語は違っても、はじめて外国語を学ぶ時の不安や悩みは、みなさんと同じように知っているつもりです。イラストや図解をたくさん使って、なるべく楽しく身につけられるよう工夫しました。さあ、楽しいキャラクターと一緒に学んでいきましょう！

津子
つ　こ

韓国語をはじめて学ぶ本書の主役。名前の由来はよくツッコむことから。勉強は嫌いだが、推しと話すために、なるべくラクして韓国語が話せるようになりたいと思っている。

Joo

韓国語が堪能な野良猫。職業は韓国語の先生。メイクのノリによってはたまに人間になることも。トッポギ屋さんで津子と相席になり、韓国語を教えることに。

スルメとだいやく

Jooの友人たち。左が無口で人なつっこいスルメ、右は何でも演じてくれる便利屋さんのだいやく。

（Joo式）韓国語レッスンの ポイント

1 初級文法を効率的にマスターできる

　本書では、いわゆる語学書的な専門知識の解説をなるべく減らして、本当に使える文法とフレーズだけを紹介しました。覚える内容を効率化し、最速で初級韓国語をマスターできる構成になっています。

　K-POPや韓国ドラマのおかげで、最近は耳コピだけで韓国語が話せるという人もいます。ですが、もっと韓国語の実力を伸ばしたい！と思った時に、必要最低限の文法を知っていたほうが、上達が速いのです。

2 イラストや図解を多用、イメージで覚えられる

　ふだん私が韓国語を教えていて気づいた、日本人のみなさんが間違いやすいポイントなどを中心に、イラストや図解で解説しました。津子やJooたち、楽しいキャラクターと一緒に学びましょう。

3 フリガナはあえてつけません

　ハングルを読むことは、韓国語を学ぶ基本です。なるべく早く覚えてもらいたい！　ネイティブに近い発音を身につけてほしい！　という思いから、本書ではフリガナを記載していません。

　でも安心してください。韓国語の文字、いわゆるハングルはとてもシンプルで、基本的なしくみがわかればすぐに読めるようになります。最初はゆっくりでもいいので、ためらわず声に出してみてくださいね。正しい発音で勉強すると、スピーキングはもちろん、リスニングにも必ず役に立ちます！

4 動画や音源を見て、聞いて、リアルな発音を確認

　学習の初期段階から正しい発音を身につけるためにも、一度は音声を聞いてみてくださいね（おもに例や例文を読んでいます）。また、レッスンによっては関連動画やトレーニング動画を見ることができます。合わせて活用してください。

※動画は著者YouTube動画を本書用に再編集したものです。コメントなどはYouTube
　チャンネル「JOO【じゅー】ちょっと楽しくなる韓国語」にお願いします。

表記のルール

◆「／」の前後はパッチムの有無

助詞や文型を表記する際に、「／」を使うことがあります。左側は「語幹末にパッチムがない語句」につく場合、右側は「語幹末にパッチムがある語句」につく場合を意味します。

$$\sim 는／은 \text{（〜は）} \qquad -ㅂ／습니다 \text{（〜です、ます）}$$

　　　　↑　　　　↑　　　　　　　　↑　　　　　↑
　　パッチムなし　パッチムあり　　　　パッチムなし　パッチムあり
　　　につく　　　につく　　　　　　　につく　　　　につく

◆韓国語の前の「‐」は用言の語幹

語句の前にある「‐」は、「‐」の部分に用言の語幹がつくことを意味します。

◆[　]内は実際の発音

　韓国語はつづりと実際の発音が異なることがあります。その場合は、[　]内に実際の発音を記載しました。

　　　　　　　　　　　　実際の発音
한국어 韓国語 → [한구거]　　　좋아요 良いです → [조아요]

目 次

ハングルを
読めて、
発音できるように
なりたいな！

第 1 章　文字と発音

第**2**章 文のしくみと
数や日時

韓国語って、
日本語と本当に
よく似ているね！

第 **3** 章 韓国語の
基本文法

推しの言うこと、
少しぐらいは
理解したいな！

第**4**章 初級文法の お悩み解決

「わかったつもり」を
そろそろ
完璧にしたい！

第 **5** 章 よく使う
重要表現

使い分けについて
もっと知りたいな！

カバーデザイン／坂川朱音（朱猫堂）　本文デザイン／黒田志麻　カバーイラスト／小林ラン
本文イラスト、ナレーション／Joo　音源制作／一般社団法人英語教育協議会（ELEC）
校正／水科哲哉（合資会社アンフィニジャパン・プロジェクト）、渡辺麻土香、田中恵美
動画編集／せきねかおり　DTP／Office SASAI　企画・編集／仁岸志保

音 声 を 聞 く に は

以下のいずれかの方法によって、本書に掲載された
音声マークのついた部分の音声を聞くことができます。

□ ダウンロードして音声を聞くには

下記URLにアクセスし、ダウンロードしてください。

https://kdq.jp/gsxrx

ユーザー名　**joo-siki-kankoku5**　パスワード　**joo-kankoku5**

（音声、動画共通）

※音声は mp3形式で保存されています。お聞きいただくには mp3ファイルで再生できる
環境が必要です。※ダウンロードはパソコンからのみとなります。携帯電話・スマートフォ
ンからはダウンロードできません。※フォルダは圧縮されています。解凍したうえでご
利用ください。※音声はパソコンでの再生を推奨します。一部のポータブルプレーヤーに
データを転送できない場合もあります。

□ ストリーミング再生で音声を聞くには

パソコンまたはスマートフォンなどから、下記URLまたは、QRコード
にアクセスし、ユーザー名とパスワードを入力の上、再生してください。

https://kdq.jp/gsxrx_web

動 画 を 見 る に は

パソコンまたはスマートフォンなどから、下記URLまたは、QRコードにアク
セスし、ユーザー名とパスワードを入力の上、関連動画を再生してください。

https://kdq.jp/jook

※動画アプリをインストールしている場合は、アプリが立ち上がることがあります。

※音声や動画を視聴いただく際の通信費はお客さまのご負担となります。
※なお本サービスは予告なく終了する場合がございます。あらかじめご了承ください。

第 **1** 章

ハングルを
読めて、
発音できるように
なりたいな！

文字と発音

記号のように見えるハングルですが、
そのしくみはとてもシンプル。しくみがわかると
短期間で読めるようになります。韓国語は
発音しだいで意味が変わってしまう言語です。
学習初期は特に発音に慣れることが大事です。

基本母音を覚えよう

ハングルのしくみを知りたい！

「ハングル（한글）」とは朝鮮半島で使われている文字のこと。日本ではひらがなやカタカナ、漢字を使いますが、韓国ではほぼハングルだけを使用します。ハングルは母音と子音の組み合わせで文字を作ります。そこがローマ字とよく似ていますよね。

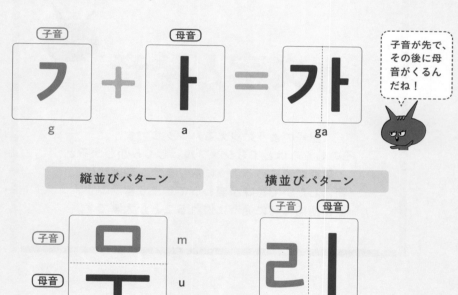

子音が先で、その後に母音がくるんだね！

子音		母音	

フ + ト = 가
g   a   ga

縦並びパターン　　　横並びパターン

子音
무　m
母音
u

子音　母音
리
l　i

縦並びになる母音　　　横並びになる母音

ㅗ、ㅛ、ㅜ、ㅠ、ㅡ　　　ㅏ、ㅑ、ㅓ、ㅕ、ㅣ

ちなみに、무리は「無理」という意味だよ。韓国語でも日本語と同じ発音になるんだ！

「無理」から始まる語学参考書ってどーなの？

基本母音は10種類

　　まずは基本の母音を覚えましょう。母音は子音の右側や下にきますが、じつは母音によって縦並びになるか、横並びになるかが決まっています。

母音	発音	文字の例	発音のコツ
ㅏ	[a]	아	日本語の「ア」とほぼ同じ音
ㅑ	[ya]	야	日本語の「ヤ」とほぼ同じ音
ㅓ	[eo]	어	日本語の「ア」と「オ」の間の音
ㅕ	[yeo]	여	日本語の「ヨ」とほぼ同じ音
ㅗ	[o]	오	日本語の「オ」 口をすぼめて発音する
ㅛ	[yo]	요	日本語の「ヨ」 口をすぼめて発音する
ㅜ	[u]	우	日本語の「ウ」 口をすぼめて発音する
ㅠ	[yu]	유	日本語の「ユ」 口をすぼめて発音する
ㅡ	[eu]	으	日本語の「ウ」 口を横に引いて発音する
ㅣ	[i]	이	日本語の「イ」とほぼ同じ音

棒が2本になったら「Yの法則」

◀) 1-2

　야、요の形をよく見てください。それぞれ아、오より短い横棒が1本多いですよね。棒が2本になったら元の形（아）にYが入り、야［ya］と発音する、これが「Yの法則」。아、오はそれぞれ［a］［o］の発音なので、야、요はYが入って［ya］［yo］になるわけです。

これがYの法則

아 → 야
［a］　　［ya］

ここに棒が
1本増える

なにそれ、
ウエ〜泣

これがYの法則

오 → 요
［o］　　［yo］

ここに棒が
1本増える

2本になったら

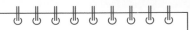

次の単語を声に出して読んでみましょう。

1 이　歯 **2** 이유　理由

3 여유　余裕 **4** 야유　揶揄

5 여우　きつね **6** 우유　牛乳

7 아이　子ども **8** 오이　きゅうり

答　え　　実際の音声を聞いて、確認してみましょう。

平音、激音、濃音とは?
へい おん　げき おん　のう おん

▷ **子音には3タイプの音がある**

韓国語には19個の子音があり、発音によって次の3種類に分かれます。

平　音

🔊 2-1

子音の中で一番弱く発音されるのが平音です。全部で10個あります。

子音	発音	文字の例	発音のコツ
ㄱ	[g]	가 [ga／ガ]	「ガ行」に近い音。[k]に聞こえがちだが、[g]に近い
ㄴ	[n]	나 [na／ナ]	[ナ行]に近い音
ㄷ	[d]	다 [da／ダ]	「ダ行」に近い音。[t]に聞こえがちだが、[d]に近い
ㄹ	[l]	라 [la／ラ]	「ラ行」に近い音。[R]に聞こえがちだが、[l]に近い
ㅁ	[m]	마 [ma／マ]	「マ行」に近い音
ㅂ	[b]	바 [ba／バ]	「バ行」に近い音。[p]に聞こえがちだが、[b]に近い
ㅅ	[s]	사 [sa／サ]	「サ行」に近い音
ㅇ	－	아 [a／ア]	「ア行」に近い音
ㅈ	[j]	자 [ja／ジャ]	「ジャ行」近い音。chに聞こえがちだが、jに近い
(ㅎ)※	[h]	하 [ha／ハ]	「ハ行」に近い音

> ㅇ自体には音がないので아でも오でも「ア」と発音します

※ㅎが平音なのか、激音なのかについては専門家の間でも意見が分かれることが多く、この本では便宜上「平音」として取り上げます。

激音

激音は、平音より激しく「息を吐きながら」発音します。文字は平音の子音に線や点が増えた形が多いです。

ヲ[k]	카 [ka／カ]	息を吐きながらㄱと発音する。「カ行」に近い音
ㅌ[t]	타 [ta／タ]	息を吐きながらㄷと発音する。「タ行」に近い音
ㅍ[p]	파 [pa／パ]	息を吐きながらㅂと発音する。「パ行」に近い音
ㅊ[ch]	차 [cha／チャ]	息を吐きながらㅈと発音する。「チャ行」に近い音

> 日本語のカ、タ、パ、チャ行と同じ音だから
> これは楽勝だね！

濃音

濃音はのどを詰まらせるようにして「強く」発音します。激音とは違い、発音する時に息が出ません。たとえば濃音のㄲは、ㄱ（平音）の前に小さい「ッ」を入れて発音するイメージ。文字は基本子音が２つ並んだ形をしています。

ㄲ[gg]	까 [gga／ッカ]	ㄱを強く発音する。「すっかり」の「っか」に近い音
ㄸ[dd]	따 [dda／ッタ]	ㄷを強く発音する。「まったり」の「った」に近い音
ㅃ[bb]	빠 [bba／ッパ]	ㅂを強く発音する。「やっぱり」の「っぱ」に近い音
ㅉ[jj]	짜 [jja／ッジャ]	ㅈを強く発音する。「ぽっちゃり」の「っちゃ」に近い音
ㅆ[ss]	싸 [ssa／ッサ]	ㅅを強く発音する。「あっさり」の「っさ」に近い音

> えっ、日本語でも使ってる発音
> なんだ！ でもむずかしいな

> 特に日本人学習者が苦戦し
> てる発音なんだよね。
> 少しずつ慣れていこう！

激音と濃音の違いを身につけるコツ

息を出すとか、出さないとか、正直よくわからないですよね。「激音と濃音の発音は息で決まる」と言われます。右手は空いていますか？ 右手を口の3cm前に置いて次の単語を発音してみてください。

発音してみよう!
카 [ka]

日本語のカと同じですよ！

手のひらに息を感じたら激音で発音できているので、正解！

発音してみよう!
까 [gga]

発音する時に息を出さないのがポイント

手のひらに息が当たらなかったら、ちゃんと濃音で発音できています。

これが、激音と濃音の発音は息で決まる！ ということ。激音や濃音の発音に自信がなくなったら、口の前に手を置いて確認しましょう。

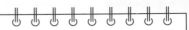

次の単語を声に出して読んでみましょう。

1 차　車

2 커피　コーヒー

3 다리　足、橋

4 토끼　うさぎ

5 고구마　さつまいも

6 코　鼻

7 나라　国

8 가다　行く

9 오다　来る

10 자다　寝る

<u>答　え</u>　実際の音声を聞いて、確認してみましょう。

複合母音の正しい読み方

▶ 애や웨を見てもパニックにならないで!

　ハングルには、基本母音を組み合わせて作る「複合母音」があります。たとえば工。これは⊥と卜の組み合わせ＝複合型になっています。見た目は複雑に見えますが、構造は簡単。基本母音さえわかっていれば、あわてる必要はありません。

🔊 3-1

⊥ ＋ 卜 ＝ 工
母音　　母音

> これ1つで母音になるんだね!

複合母音は全部で11個あります。

① ② ③ ④ ⑤ ⑥ ⑦ ⑧ ⑨ ⑩ ⑪
ㅐ ㅒ ㅔ ㅖ ㅘ ㅙ ㅚ ㅝ ㅞ ㅟ ㅢ

複合母音は縮めて発音するのがルール

　では、ひとつずつ組み合わせを見てみましょうか。複合母音は、基本的には母音の音を組み合わせて読めば大丈夫!　①〜④と⑦はちょっと例外的なので後回しにするとして……⑤以降はそれぞれ次のように構成されており、無音の子音○と組み合わせると以下のようになります。

⑤ ⊥ ＋ 卜 → 와
　 オ　　ア　　ウァ

⑥ ⊥ ＋ ㅐ → 왜
　 オ　　エ　　ウェ

❽ ㅜ + ㅓ → 워
ウ　オ　　ウォ

❾ ㅜ + ㅔ → 웨
ウ　エ　　ウェ

❿ ㅜ + ㅣ → 위
ウ　イ　　ウィ

⓫ ㅡ + ㅣ → 의
ウ　イ　　ウィ

와
[wa]

でも5番の와が「オア」じゃなくて、「ウァ」になるのなんで？

「オア」をくり返し縮めて発音すると「オア、オア、オアオア…ウァ」ってならない？　そうやって組み合わせて縮めて言うんだ

縮めて読まない文字に注意

🔊 3-2

ただし縮めて発音しない、例外的な複合母音もあるんですよね。それが、❶ㅐ、❸ㅔ、❼ㅚの3つ。逆に言えば、この3つの発音さえ覚えれば完全に理解できたも同然！

애!(エ)なんで！

わかんない。生まれた時からそうだった。文字は約束だ！　約束として覚えていこう！

たしかにㅏ、ㅣを縮めて言ってもエにならない…

❶ 애	ㅏ+ㅣだけど、[アイ] ではなく [エ]
❸ 에	ㅓ+ㅣだけど [オイ] ではなく [エ]
❼ 외	ㅗ+ㅣだけど [オイ] ではなく [ウェ]

そして❷と❹は「Yの法則」でクリアできますよね。애が [ae] だから、얘は [yae] になり、에が [e] だから、예は [ye] になるわけです。

最後に、複合母音の読み方をグループ分けしてみましょう（無音の子音〇と組み合わせています）。

複合母音のグループ

「エ」のグループ

애 [ae]、에 [e]

え～

「イェ」のグループ

얘 [yae]、예 [ye]

2本の場合は
Yを
思い出して！

縮めて読むグループ

와 [wa]、워 [wo]
위 [wi]、의 [ui]

組み合わせが～

「ウェ」のグループ

왜 [wae]、외 [we]
웨 [we]

全部ウェ～

とりあえず、複合母音は①애、③에、⑦외の3つだけわかっていればOK。あとは縮めて読めば問題ないよ

なるほどね～

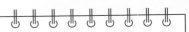

練 習 問 題

◀») 3-3

次の単語を声に出して読んでみましょう。

1 샤워 シャワー   **2** 취미 趣味

3 회사 会社   **4** 돼지 豚

5 찌개 チゲ

答 え   実際の音声を聞いて、確認してみましょう。

ハングル一覧表

		ㄱ g/k	ㄴ n	ㄷ d/t	ㄹ l	ㅁ m	ㅂ b/p	ㅅ s	ㅇ 無音	ㅈ j/ch
基本母音	ㅏ a	가 ga	나 na	다 da	라 la	마 ma	바 ba	사 sa	아 a	자 ja
	ㅑ ya	갸 gya	냐 nya	댜 dya	랴 lya	먀 mya	뱌 bya	샤 sya	야 ya	쟈 jya
	ㅓ eo	거 geo	너 neo	더 deo	러 leo	머 meo	버 beo	서 seo	어 eo	저 jeo
	ㅕ yeo	겨 gyeo	녀 nyeo	뎌 dyeo	려 lyeo	며 myeo	벼 byeo	셔 syeo	여 yeo	져 jyeo
	ㅗ o	고 go	노 no	도 do	로 lo	모 mo	보 bo	소 so	오 o	조 jo
	ㅛ yo	교 gyo	뇨 nyo	됴 dyo	료 lyo	묘 myo	뵤 byo	쇼 syo	요 yo	죠 jyo
	ㅜ u	구 gu	누 nu	두 du	루 lu	무 mu	부 bu	수 su	우 u	주 ju
	ㅠ yu	규 gyu	뉴 nyu	듀 dyu	류 lyu	뮤 myu	뷰 byu	슈 syu	유 yu	쥬 jyu
	ㅡ eu	그 geu	느 neu	드 deu	르 leu	므 meu	브 beu	스 seu	으 eu	즈 jeu
	ㅣ i	기 gi	니 ni	디 di	리 li	미 mi	비 bi	시 si	이 i	지 ji
複合母音	ㅐ ae	개 gae	내 nae	대 dae	래 lae	매 mae	배 bae	새 sae	애 ae	재 jae
	ㅒ yae	걔 gyae	냬 nyae				뱨 byae	섀 syae	얘 yae	쟤 jyae
	ㅔ e	게 ge	네 ne	데 de	레 le	메 me	베 be	세 se	에 e	제 je
	ㅖ ye	계 gye	녜 nye	뎨 dye	례 lye	몌 mye	볘 bye	셰 sye	예 ye	
	ㅘ wa	과 gwa	놔 nwa	돠 dwa	롸 lwa	뫄 mwa	봐 bwa	솨 swa	와 wa	좌 jwa
	ㅙ wae	괘 gwae	놰 nwae	돼 dwae			봬 bwae	쇄 swae	왜 wae	좨 jwae
	ㅚ we	괴 gwe	뇌 nwe	되 dwe	뢰 lwe	뫼 mwe	뵈 bwe	쇠 swe	외 we	죄 jwe
	ㅝ wo	궈 gwo	눠 nwo	둬 dwo	뤄 lwo	뭐 mwo	붜 bwo	숴 swo	워 wo	줘 jwo
	ㅞ we	궤 gwe	눼 nwe	뒈 dwe	뤠 lwe	뭬 mwe	붸 bwe	쉐 swe	웨 we	줴 jwe
	ㅟ wi	귀 gwi	뉘 nwi	뒤 dwi	뤼 lwi	뮈 mwi	뷔 bwi	쉬 swi	위 wi	쥐 jwi
	ㅢ ui	긔 gui	늬 nui	듸 dui					의 ui	

※空欄に入る文字は理論上は存在しますが、実際には使われないので割愛しました。

ハングルの母音と子音を組み合わせてできる文字をまとめた一覧表です。
なるべく正確な発音を意識してもらいたいので、発音はローマ字で表記してあります。

	激音				濃音				
ㅎ h	ㅋ k	ㅌ t	ㅍ p	ㅊ ch	ㄲ Kk	ㄸ tt	ㅃ pp	ㅆ ss	ㅉ jj
하 ha	카 ka	타 ta	파 pa	차 cha	까 kka	따 tta	빠 ppa	싸 ssa	짜 jja
햐 hya	캬 kya	탸 tya	퍄 pya	챠 chya	꺄 kkya	땨 ttya	뺘 ppya	쌰 ssya	쨔 jjya
허 heo	커 keo	터 teo	퍼 peo	처 cheo	꺼 kkeo	떠 tteo	뻐 ppeo	써 sseo	쩌 jjeo
혀 hyeo	켜 kyeo	텨 tyeo	펴 pyeo	쳐 chyeo	껴 kkyeo	뗘 ttyeo	뼈 ppyeo	쎠 ssyeo	쪄 jjyeo
호 ho	코 ko	토 to	포 po	초 cho	꼬 kko	또 tto	뽀 ppo	쏘 sso	쪼 jjo
효 hyo	쿄 kyo	툐 tyo	표 pyo	쵸 chyo	꾜 kkyo	뚀 ttyo	뾰 ppyo	쑈 ssyo	쬬 jjyo
후 hu	쿠 ku	투 tu	푸 pu	추 chu	꾸 kku	뚜 ttu	뿌 ppu	쑤 ssu	쭈 jju
휴 hyu	큐 kyu	튜 tyu	퓨 pyu	츄 chyu	뀨 kkyu	뜌 ttyu	쀼 ppyu	쓔 ssyu	쮸 jjyu
흐 heu	크 keu	트 teu	프 peu	츠 cheu	끄 kkeu	뜨 tteu	쁘 ppeu	쓰 sseu	쯔 jjeu
히 hi	키 ki	티 ti	피 pi	치 chi	끼 kki	띠 tti	삐 ppi	씨 ssi	찌 jji
해 hae	캐 kkae	태 tae	패 pae	채 chae	깨 kkae	때 ttae	빼 ppae	쌔 ssae	째 jjae
헤 he	케 ke	테 te	페 pe	체 che	께 kke	떼 tte	뻬 ppe	쎄 sse	쩨 jje
혜 hye	켸 kye	톄 tye	폐 pye		꼐 kkye				
화 hwa	콰 kwa	톼 twa	퐈 pwa	촤 chwa	꽈 kkwa	똬 ttwa		쏴 sswa	쫘 jjwa
홰 hwae	쾌 kwae	퇘 twae			꽤 kkwae	뙈 ttwae		쐐 sswae	쫴 jjwae
회 hwe	쾨 kwe	퇴 twe	푀 pwe	최 chwe	꾀 kkwe	뙤 ttwe	뾔 ppwe	쐬 sswe	쬐 jjwe
훠 hwo	쿼 kwo	퉈 two	풔 pwo	춰 chwo	꿔 kkwo	뚸 ttwo		쒀 sswo	쭤 jjwo
훼 hwe	퀘 kwe	퉤 twe		췌 chwe	꿰 kkwe	뛔 ttwe		쒜 sswe	
휘 hwi	퀴 kwi	튀 twi	퓌 pwi	취 chwi	뀌 kkwi	뛰 ttwi		쒸 sswi	쮜 jjwi
희 hui		틔 tui				띄 ttui		씌 ssui	

パッチムってなんだ?

▷ **ここさえわかれば、8割いける!**

　ハングルは母音と子音の組み合わせで成り立っていますが、さらに子音がくっつくことがあります。これがパッチム（받침）。パッチムとは「下から支える」という意味で、見た目にも下から支えているような子音です。

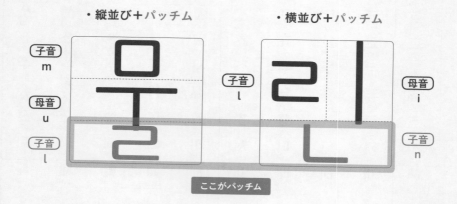

・縦並び＋パッチム　　　　　・横並び＋パッチム

子音 m
母音 u
子音 l

子音 l
母音 i
子音 n

ここがパッチム

パッチムは複数あれど、発音は7種類　🔊 4-1

　右ページの表を見てください。同じ枠内に入っているパッチムは同じ仲間なので、同じ音で発音するルール。各パッチムグループには"代表"がいて、代表と同じ発音です。たとえばㄱの列では、仲間のㅋ、ㄲ、ㄳ、ㄹㄱも……代表パッチムと同じくㄱ [k] と発音するようです。よく見ると、パッチムの仲間は、代表のパッチムの形から線が1本増えたり、2つ組み合わせたり、少し形が違うだけですよね。

タピオカには黒糖味、チーズ味、抹茶味などあるけど、一言で言えば、全部「タピオカ」だもんね

そう、パッチムの代表音は「タピオカの法則」と覚えよう

	発音	代表パッチム	パッチムの仲間	例	
「ツ」のグループ	ㄱ [k]	ㄱ	ㅋ、ㄲ、ㄳ、ㄺ	깎[깍] 닭[닥]	
	ㄷ [t]	ㄷ	ㅌ、ㅅ、ㅆ、ㅈ、ㅊ、ㅎ	있[읻] 못[몯]	
	ㅂ [p]	ㅂ	ㅍ、ㅄ、ㄿ	앞[압] 없[업]	
「ン」のグループ	ㄴ [n]	ㄴ	ㄵ、ㄶ	앉[안] 많[만]	
	ㅁ [m]	ㅁ	ㄻ	점[점]	
	ㅇ [ng]	ㅇ		방[방]	日本語にはない音
	ㄹ [l]	ㄹ	ㄼ、ㄽ、ㄾ、ㅀ	덟[덜] 싫[실]	

　たくさんの発音があるように見えますが、じつはたった7種類しかありません。「ツ」のグループは日本語の小さい「ツ」に近い音、「ン」のグループは日本語の「ン」に近い音。あとは「日本語にない」音……たったこれだけ。シンプルですよね。でも、「それだと3種類になるのでは……」と思いましたか？　じつは、この「ツ」と「ン」の各グループの3つの音は、同じ「ツ」「ン」でもまったく別の発音をします。だから7種類なのです。この発音の違いは、38ページで詳しく解説しますね。

タピオカ

パッチムが2つの場合は、だいたい左を読む

　ちなみに、パッチムが2個あるものは「二重パッチム」といいます。見た目には複雑ですが、発音のルールはシンプルなので安心してくださいね。基本的には、左のパッチムを読めばOKです。

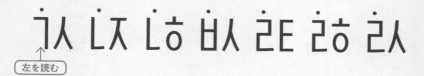

左を読む

読めない…　　　　　　　　　　　大丈夫。パッチムだけでは発音できないよ

　ただし、以下の二重パッチムは右側の文字を読みましょう。

＼ 3つの組み合わせだけ ／

右を読む

出たな例外!!

　よくでてくる言葉は限られています。まずは、읽다（読む）、닭（鶏）、젊다（若い）を覚えておきましょう！

1つだけ読めばいいなら、なんで2つもあるんだよ。1つでいいじゃん

漢字と同じように形として覚えていこう！

 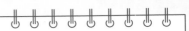

次の単語を声に出して読んでみましょう。

1 김　のり　　　　　　　　**2** 물　水

3 밥　ご飯　　　　　　　　**4** 읽다　読む

5 이름　名前　　　　　　　**6** 먹다　食べる

7 사람　人　　　　　　　　**8** 쉬다　休む

答え　　実際の音声を聞いて、確認してみましょう。

これでハングルの基本はコンプリート！
次のページからはもうちょっと詳しく知りたい、
文字と発音のレベルアップ編です

어と오、우と으の発音のコツ

「なんとなく発音」から抜け出そう！

基本母音には、形が違うのに同じように聞こえる文字があるんですよね。じつはこれらの発音はネイティブにはまったく別の音なのですが、違いがじつにわかりにくい！ その代表格が①어と오、②우と으。発音のポイントは「口の形」にあります。

🔊 5-1

어と오

ともに日本語「オ」の発音に似ていますが、それぞれ発音が異なります。

この口の形を覚えておいて！

「ア」の口で「オ」を言うのがポイント。「ア」と言うと口が開きますよね？ その状態（「ア」を発音している状態で）「オ」と言う。それが어の発音です。

日本語の「オ」とほぼ同じですが、唇を丸くして前に突き出しながら発音します。

우と으

ともに日本語「ウ」の発音に似ていますが、それぞれ発音が異なります。

으は母音の形と同じように唇も平たくね！

唇を丸くして前に突き出しながら、우（ウ）と発音します。오の口の形と同じです。

まずは唇を左右に開いて笑ってみましょう。それが으の口の形です。スマイルした状態で「ウ」と言ってみると으の音がでます。

この微妙な違いを使いこなすことが、ネイティブのように発音できる近道です。오、우の場合はそれぞれ「オ」「ウ」の音とほぼ似ているので、発音しやすいはず。だから日本語で言い慣れない어、으の口の形を意識して練習していくと、区別して発音できるようになるでしょう。じつは日本語話者は어の発音が不慣れで、ほとんどの場合、오の音になっていません。

　でも、오、어の1文字だけでコミュニケーションすることはありませんよね？　もし発音が間違っていても、文脈とシチュエーションで意味は通じるから大丈夫！　どんどん口に出していきましょう。

たしかに「つ」を「ちゅ」って言っても
意味通じるもんね！

Jooの
One Point Advice

絶対忘れない！ 오、우の書き方

오と우って、どっちが「オ」でどっちが「ウ」なのか迷いませんか？ これ、日本語のひらがなの書き方で覚えるのがおすすめ。「お」は「上げて書くから」오、「う」は「下げて書くから」우と覚えましょう。

よし！これで迷れない‼

お → 오 ↑　う → 우 ↓

上げて書く　だから上　下げて書く　だから下

練 習 問 題

◀)) 5-2

次の単語を声に出して発音してみましょう。

어・오 **1** 어머니 母　**2** 오리 アヒル
　　　3 어제 昨日　**4** 오늘 今日

우・으 **5** 우유 牛乳　**6** 으르렁 ガオー ※獣のうなり声
　　　7 두부 豆腐　**8** 드라마 ドラマ

答 え

実際の音声を聞いて、確認してみましょう。

音がにごる、にごらないの ルール

「ケンチャナヨ」と「ゲンチャナヨ」

　괜찮아요が「ゲンチャナヨ」、좋아요は「ジョアヨ」と聞こえたり、ネイティブが話す韓国語を聞いて、習った発音のルールと違う……と戸惑うことはありませんか？ 音のにごる、にごらない問題を解説しましょう。

ネイティブはあいまいに発音している

　日本で発売されている韓国語学習テキストの多くは、ㄱはk、ㄷはt、ㅂはp、ㅈはchで発音する、と説明していると思います。ですが、実際にはそのまま発音するとやや不自然なんですね。じつはネイティブは……

テキストでは		ネイティブはこう読む
子音 → 読み方		
ㄱ → k		k でも読んだり、g でも読んだりする
ㄷ → t		t でも読んだり、d でも読んだりする
ㅂ → p		p でも読んだり、b でも読んだりする
ㅈ → ch		ch でも読んだり、j でも読んだりする

　たとえば、괜찮아요を「ケンチャナヨ」、좋아요を「チョアヨ」の発音で覚えている学習者は多いと思います。でも、そのまま言うとネイティブには少し不自然。ネイティブは、ㄱやㅈをgやjと読むつもりで発音しているからです（ㄷはd、ㅂはbと発音しています）。

　ただし、韓国人が話す時は語頭に息が混ざる傾向があるため、日本人学習者にはg、d、b、jの発音がk、t、p、chに聞こえることもあります。よって、괜찮아요が「ケンチャナヨ」にも聞こえたり、「ゲンチャナヨ」にも聞こえたりするのです。

ㄱ、ㄷ、ㅂ、ㅈはg、d、b、jと覚えよう!

　このような発音問題が起こるのはㄱ、ㄷ、ㅂ、ㅈの文字です。そこで本書では、より伝わるための方法としてㄱ、ㄷ、ㅂ、ㅈは以下の発音で覚えていきましょう。日本人学習者はㄱ、ㄷ、ㅂ、ㅈの発音がそれぞれk、t、p、chに聞こえるかもしれませんが、g、d、b、jの音を意識しながら発音するだけで、ネイティブっぽい発音になります。ちなみにこの発音を意識すると、有声音化※を気にしなくてすみます。

子音	本書の発音ルール
ㄱ	[g] に近い音を意識
ㄷ	[d] に近い音を意識
ㅂ	[b] に近い音を意識
ㅈ	[j] に近い音を意識

※有声音化……ㄱ、ㄷ、ㅂ、ㅈが語頭にある場合、k、t、p、chと発音されますが、前に母音かパッチムㄴ、ㅁ、ㄹ、ㅇがある場合は、それぞれg、d、b、jとにごって発音されます。たとえば、가게(店)。本来なら [kake] になるところ、有声音化によって [kage] とにごって発音されます。

네が「デ」に聞こえるワケ

　네が「デ」に、뭐예요?が「ボエヨ?」に聞こえることもありますよね。じつはこれもネイティブのくせの1つ。ルールとして覚える必要はありませんが、語頭にㄴ、ㅁがくる場合には、語頭がにごって発音される傾向があります。「デ」「ボエヨ」に聞こえるかもしれませんが、「ネ」「モエヨ」と言うのが正解!(ㄴは[n]で、ㅁは[m]で!)

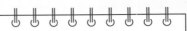

下の単語を声に出して読んでみましょう。

❶ 괜찮아요　大丈夫です
❷ 고마워요　ありがとうございます
❸ 같이 가요!　一緒に行きましょう！
❹ 좋아요　良いです
❺ 잘가요　さようなら／お気をつけて
❻ 잠깐만요　ちょっと待ってください

答	え

実際の音声を聞いて、確認してみましょう。

パッチムの発音の違いを
マスター

ㄱ・ㄷ・ㅂ／ㄴ・ㅇ・ㅁの発音

> ッの音が3種類もあるの？

　29ページで紹介した、文字が違うのに同じ発音をするパッチムについて解説しましょう。パッチムㄱ、ㄷ、ㅂは、日本語だとすべて同じ「ッ」に近い発音にあたり、同じように聞こえるのですが（[k][t][p]はすべて「ッ」の音を意味します）、じつはそれぞれまったく異なる音なんです。

ㄱ、ㄷ、ㅂは「ッ」の発音だけど

　この「ッ」の違いを体感してみましょうか。「サッカー、がんばった、のっぽ」と言ってみるとよくわかります。同じ「ッ」でも、のどの使い方や舌の位置が違うはず。ちょっと言ってみましょう。

「サッカー、がんばった、のっぽ」

サッカーの「ツ」＝ㄱ

「サッ」と言う時にのどが詰まる感じがあるはず。これがㄱの音です。

がんばったの「ツ」＝ㄷ

「ばっ」の時の舌の位置をよく覚えてくださいね。上の歯の裏（歯茎）に舌がついているはずで、つけながら出す「つ」がㄷの音。息を止めるようなイメージです。

のっぽの「ツ」＝ㅂ

「のっぽ」と言う時は口を閉じて、息を止めるように音を出しますよね。これがㅂの音です。

がんばった

のっぽ

サッカー

∟、○、口は少しずつ違う「ン」の発音

次にパッチム∟、○、口についても見てみましょう。日本語だとすべて「ン」に近い発音ですが（[n] [ng] [m] はすべて「ン」の音を意味します）、これも㄄、ㄷ、ㅂと同様に、それぞれ異なる音です。

まさか、これもさっきみたいなパターン？

鋭いね！

この「ン」の違いは、「おんな、あかちゃん、まんま」でわかります。同じ「ン」でも、のどの使い方や舌の位置が違うということを実感してみてくださいね。

「おんな、あかちゃん、まんま」

おんなの「ン」＝ ∟

「おん」と発音する時には、舌先が上の歯の裏（歯茎）につきますね。これが∟の音です。

あかちゃんの「ン」＝ ○

「ちゃん」と発音する時の「ん」は、鼻音を出す（息が鼻に抜ける）イメージ。これが○の音です。

まんまの「ン」＝ 口

「まん」は口を軽く閉じて発音しますよね。口の発音は、口を閉じて「ん」と言えばほぼできていると言ってOKです。

パッチムの発音は"拍"が大事

　日本語の特性により、엄마（母）を「お/ん/ま」と読んでしまう方が多いのですが、パッチムを発音する際は「拍」を意識してみてください。韓国語は基本的に1文字を1拍で読みます。1文字だけ伸ばして発音すると、強調するような意味になったり、その文字だけ耳に残ってくせのある話し方になったりするからです。엄마の場合、2拍で読みます。

O　엄／마　1＋1＝2拍

✕　お／ん／ま　　1＋1＋1＝3拍

時々、韓国語のテキストで「オㇺマ」とンを小さく記載してあるのは、日本語の「ン」と同じではないという意味なんだね！

同じリズムで♥

엄　마

Jooの
One Point
Advice

ㅁパッチムとㅂパッチムの発音の違い

口を閉じて発音する2種類のパッチムの違いを紹介します。

밤　夜、栗　　　［バム］と「ム」をしっかり発音しないように注意！

ㅁのほうは軽く口を閉じて発音するイメージです。

밥　ご飯　　［バプ］と「プ」をしっかり発音しないように注意！

ㅂはㅁより少し早く、強く口を閉じて発音すると、2つの音の違いをうまく表現できるようになります。

　※著者YouTubeチャンネル内「パッチムㄱ, ㄷ, ㅂの違いって何？」もご覧ください。

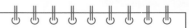

練 習 問 題

パッチムの発音を意識しながら、次の単語を声に出して読んでみましょう。

1 국　スープ

2 학습　学習

3 옷　服

4 닫다　閉める

5 밥　ご飯

6 입다　着る

7 건강　健康

8 긴장　緊張

9 공부　勉強

10 정말　本当

11 감사　感謝

12 검사　検査

答　え　実際の音声を聞いて、確認してみましょう。

ㄹパッチムの発音の極意

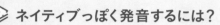

ネイティブっぽく発音するには？

一応
美容師

巻き
すぎるなよ〜

　술（酒）、일（仕事）、달（月）などのㄹパッチム
の発音は、日本人学習者が苦戦する発音の１つ。英
語のＲのように舌を巻きすぎてしまうんです。初級
のうちに、きれいな発音で覚えておきましょう！

巻きすぎず、緩すぎず

　ㄹパッチムを発音する時は舌の位置が重要です。まずはカタカナの「ラ」
を「ラ、ラ、ラ、ラ〜」と複数回言ってみましょう。

ラララ〜

いいね！

　その時に、上あごに舌がつく位置をよーく覚えておいてくださいね。では、
물（水）と発音してみましょう。ポイントは、무（ム）を言いながら、ほぼ
同時に舌を「ラ」の位置＝星マーク（イラスト参照）につけること。

え！ そんなに舌を巻かずに
つけるだけでいいんだね！

　そうなんです。発音してみると、あまり舌を巻かないことがわかりますよ
ね？ 変に舌を巻こうとすると、英語のＲのように聞こえて逆に不自然です。
よくある発音の勘違いパターンは、次の３つ。

これは
巻きすぎやろ…

1 Rで発音してしまう

己の音はRではなく、どっちかというとLに近い。
つまり舌を巻かない。

2 「ル」と発音してしまう

たとえば물（水）なら「ムル」と小さいルでルビを振ってあるテキ
ストもあるけど、ルではないので注意。LUではなくLのイメージ。

3 「ルー」と伸ばしてしまう

韓国語には、基本的に伸ばす音がない。チーズ（치즈）も「チー
ズ」ではなく「チズ」になる。

助詞の를（～を）を正しく発音する方法

　助詞の를の発音が苦手という人も多いですよね。「ルル」と発音しがちです
がこれだとちょっと違うんです。いくつかコツを紹介しますね。

・「ラ」の位置（左ページのイラスト参照）に舌をつける
・「ル」と言いながらトーンを上げる。ル↗のように！

　これだけで大丈夫！　発音に自信がない場合は、思い切って「言わない」
のもありですよ！ 日本語と同じように、韓国語でもよく助詞を省略します。
じつは、それが逆にネイティブっぽく聞こえたりもします。

를は これで
安心だ！！

星マークに
つけなきゃね！

練 習 問 題

ㄹの発音を意識しながら、次の単語を声に出して読んでみましょう。

1 팔　腕

2 신발　靴

3 할머니　おばあさん

4 양말　靴下

5 쉬는 날　休みの日

6 경찰　警察

7 말　言葉、語

8 술　酒

答 え　　実際の音声を聞いて、確認してみましょう。

連音化とㅎ弱化

これだけは、最低限覚えておくべき発音ルール

　韓国語の発音には有声音化に連音化、濃音化、激音化……など、いったさまざまな発音ルールがあります。ですが、この本の目的はよりネイティブっぽく、簡単に話せるようになること！　本当に必要な「よく間違えやすい発音」「会話でもっともよく使われる発音の変化」を厳選して紹介します。まず覚えてほしい発音ルールは次の2つです。

連 音 化

◀)) 9-1

　パッチムの後ろに○がくると、前のパッチムの発音が○に移ります。これが「連音化」です。

<table>
<tr><td>○がある
↓</td><td></td><td>ㄱが移った
↓</td></tr>
</table>

한국어 韓国語 → 発音は [한구거]
ハングゴ

英語みたいにつなげて読むんだ！

떡볶이 トッポギ → 発音は [떡보끼]
ットッポッキ

○がある
↓

ㄲが移った
↓

あそこ、空いてます！！

ㅎの場合も停めていいですよ！！

Ⓟ パーキング

英語で、pineappleをpine／apple（パイン／アップル）ではなく、pineapple（パイナップル）とつなげて読みますよね。これと同じです。ただし横並びの英語と違って、韓国語のパッチムは下にあるので、前のパッチムが○のほうに上がってくるように見えます。パッチムが2つある場合は左のパッチムはそのまま発音して、右のパッチムが○のほうに移ります。

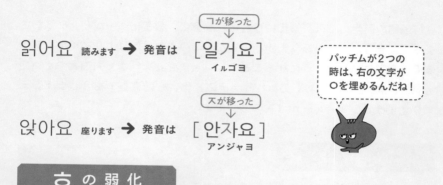

읽어요 読みます → 発音は ［일거요］
イルゴヨ

ㄱが移った

앉아요 座ります → 発音は ［안자요］
アンジャヨ

ㅈが移った

パッチムが2つの
時は、右の文字が
○を埋めるんだね！

ㅎ の弱化

학교（学校）など、ㅎが語頭にある時以外は、ㅎが弱く発音される傾向があります。これがㅎの弱化です。

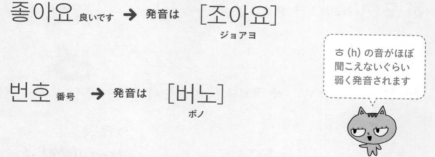

좋아요 良いです → 発音は ［조아요］
ジョアヨ

번호 番号 → 発音は ［버노］
ボノ

ㅎ（h）の音がほぼ
聞こえないぐらい
弱く発音されます

こちらも英語で説明がつきます。たとえばschoolは「スクフル」ではなく「スクール」。「h」は意識して発音しないですよね？

連音化、ㅎの弱音化以外にも、舌側音化、口蓋音化などの発音のルールがありますが、一度にすべて覚えるのは大変。ルールにこだわりすぎると学習のストレスになるので、テレビや動画でネイティブが話しているのを聞いたりしながら、徐々に身につけていきましょう。

練 習 問 題

連音化、ㅎの弱化を意識しながら、次の単語を声に出して読んで
みましょう。

1 은행 銀行　　　　　　**2** 전화 電話
3 결혼 結婚　　　　　　**4** 문화 文化
5 영화 映画　　　　　　**6** 말하다 話す、言う
7 올해 今年　　　　　　**8** 유학 留学

答 え　　実際の音声を聞いて、確認してみましょう。

コロコロ変わる
人パッチムの発音

▶ 習った発音と違うんですけど…

「パッチムの発音って、前後の文字によって謎に変わってない？」。じつは
そのとおり。でも、それに気づいたなら韓国語の発音を敏感に聞き取れてい
る証拠なので、まずは自分をほめてあげましょう。ここでは、前後の文字に
よって変わるパッチムの発音について解説します。

気まぐれな「人」の話　　　　　　　　　🔊 10-1

　45ページで解説した連音化のルールだと、맛없다（おいしくない）の発音
は [마섭다] になるはずが、[마덥따] になります。じつは人パッチムは、
人の後に○がくると代表音ㄷ [t] で発音されるのです。

맛없다 … [맏없다] ➜ ○ [마덥따]　✕ [마섭따]
おいしくない

人ってどこに
行ったの!?

この場合、[맏없다]のㄷと○が出会っ
てさらに連音化し、[마덥따]になるん
だけど…まぁ、人がㄷに変わることと、
맛없다の正しい発音がわかればOK！

　代表音って覚えてますか？ 29ページの表を見てください。人はㄷのグルー
プに入ってますよね。ㄷはグループを代表するボスで、[t] が代表音という
意味です。また、못하다（できない）のように人の後にㅎがくると、代表音
のㄷ [t] がㅎ [h] と出会って激音ㅌに変化して [모타다] になる！ この
ように、人パッチムは後に何がつくかによって、発音がコロコロ変わるんです。

못하다 … [몯하다] ➜ ○ [모타다]　✕ [모사다]
できない

ただし例外もある

　人パッチムの後に母音で始まる助詞や語尾がくる時は、[t / d] ではなく [s] と発音されます。ようは、発音が変化しないってことですね。

助詞	**-이** (〜が)、**-을** (〜を)、**-은** (〜は)、**-에** (〜に)、**-에서** (〜で)…など 例 **옷이** [오시] 服が　**옷을** [오슬] 服を
語尾	**-이다、-아/어요、-아/어서、-으니까、-으면**…など 例 **옷이에요** [오시에요] 服です 　**있어요** [이써요] あります 　**있으니까** [이쓰니까] あるから

　たとえば못 입다（着られない）は、ルール上は [모딥다] ですが、発音しやすいように少し崩して [모닙따] と読んだりします。こんなふうに、言いやすさ優先で定着し、広く使われている単語もあります。言語は数学とは違ってすべてルールどおりにならないので、「ルールと違うけど、ネイティブはこんな感じで崩して読んだりもするんだね！ ふ〜ん」というスタンスで、勉強していきましょう！

会話になるとくずして発音することも多くて、そして그리고(そして)を[그리구]と ㅗ が ㅜ に変わったりもする。ゆっくり慣れていこう！

たしかに韓国ドラマでよく聞くかも！

人の発音に注意しながら、次の単語を声に出して読んでみましょう。

1 따뜻하다　温かい

2 맛없어요　おいしくないです、まずいです

3 멋있어요　カッコイイです

4 못해요　できません

5 깻잎　えごまの葉

答　え　　実際の音声を聞いて、確認してみましょう。

思ったより
むずかしい？
ちょっと待って！

外国語を学ぶこと＝ あかちゃんが言葉を習得する 過程と一緒

　これでハングルの基本はおしまいです。文字のしくみと読み方は、わかるように なってきましたか？　ハングルがわかれば、とりあえずすべての韓国語を読むこと ができ、それはとても素晴らしいことです！　まずは、ここまでがんばった自分を ほめてあげましょう。「外国語を学ぶこと」について気づいたことがあります。外 国語を学ぶことは「あかちゃんが言葉を習得する過程」と似ているということです。

STEP 1 何を聞いても 意味がわからない

外国語を勉強する私たち

STEP 2 意味はわからないけど、 マネする

スピーキング練習中の私たち

STEP 3 文法・単語が 身につき始める

簡単なフレーズなどを言ってみる

STEP4
間違えたら、その都度直していく

間違いを指摘される

STEP5
さらに成長していく

おとな

文法・単語の知識が増える

　みなさんも、いきなり日本語がペラペラになったわけではないですよね？ 語学の習得は時間がかかって当然！ 習得するまでの時間は、人それぞれです。長い目で見て続けることが大切ですから、できない自分を責めたりしないで、昨日よりできた自分をほめながら、自分のペースで少しずつ前に進んでいきましょう。昔、私たちがあかちゃんだった頃のように安心して身につけていきましょう。

第 **2** 章

韓国語って、
日本語と本当に
よく似ているね!

文のしくみと
数や日時

第2章では、みなさんが簡単な韓国語の文を
作れるようになることを目指します。そのために
まず必要なのが「助詞」。そのほか数字や日時、
価格から、「いつ」「どこで」など疑問詞の使い方まで、
日常生活に必要な表現を身につけましょう。

基本の助詞

韓国語と日本語の助詞は似ている！

　韓国語は日本語と文章の構造がよく似ているので、日本語の単語を韓国語に置き換えていけば、簡単に文章を作ることができます。

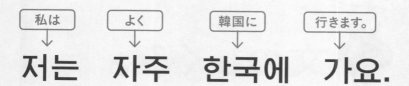

| 私は | よく | 韓国に | 行きます。 |

저는　자주　한국에　가요.

　語順がほぼ一緒ですよね。そして、日本語と同様に「私は韓国によく行きます」と順番を変えても意味は同じです。そこが語順によって意味が変わってしまう英語などと違うところですね。
　韓国語でも日本語でも「私は」なのか「私に」なのかで意味が変わってしまうので、助詞はとても大事です。よく使う助詞は、次のとおりです。

🔊 11-1

助詞	パッチムなし	パッチムあり	例文
〜は	는	은	저는 일본인이에요. 私は日本人です。 직업은 회사원이에요. 職業は会社員です。
〜が	가	이	취미가 없어요. 趣味がないです。 돈이 있어요. お金があります。
〜を	를	을	음료수를 마셔요. 飲料水を飲みます。 비빔밥을 먹어요. ビビンバを食べます。

助詞	パッチムなし	パッチムあり	例文
～に	（場所）에		한국에 가요　韓国に行きます。
	（人）에게 / 한테		친구에게 / 한테 전화해요　友だちに電話します。 ※会話ではほとんど한테を使う
～と	와	과	오렌지와 파인애플　オレンジとパイナップル 파인애플과 오렌지　パイナップルとオレンジ ※会話ではほとんど使わない
	랑	이랑	오렌지랑 파인애플　オレンジとパイナップル 파인애플이랑 오렌지　パイナップルとオレンジ
	하고		오렌지하고 파인애플　オレンジとパイナップル
～の	의 [에]		나의 가방　私のカバン
～へ （場所、 方向）	로	으로	홍대로 가 주세요.　ホンデへ行ってください。 명동으로 가 주세요.　明洞へ行ってください。
～で	（場所）（에）서		여기 （에）서 뭐 해요?　ここで何してますか? ※会話では縮めて서だけでもOK
	（手段） 로	（手段） 으로	비행기로 가요.　飛行機で行きます。 펜으로 써요.　ペンで書きます。
～も	도		친구도 있어요.　友達もいます。
～から	（場所）（에）서		여기 （에）서 저기까지　ここからあそこまで
	（時間）부터		아침부터 저녁까지　朝から晩まで
～まで	까지		언제까지　いつまで

助詞	パッチムなし	パッチムあり	例文
〜だけ、〜ばかり	만		이것만 있어요. これだけ(ばかり)あります。
〜しか	밖에		이것밖에 없어요. これしかないです。

助詞の使い方、3つの原則

11-2

1 パッチムがあるかないかで変わる場合もある

「〜は」(-는/은)、「〜が」(-가/이) などのように、直前の語末にパッチムがあるかないかで形が変わるので注意してくださいね。「パッチムがある時は『○』の助詞がくる」と覚えておきましょう。

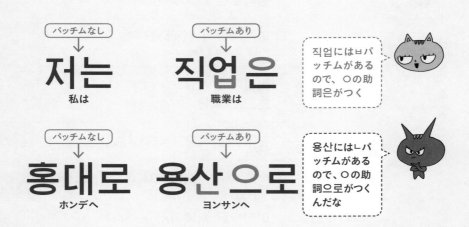

パッチムなし
저는
私は

パッチムあり
직업은
職業は

직업에는ㅂパッチムがあるので、○の助詞은がつく

パッチムなし
홍대로
ホンデへ

パッチムあり
용산으로
ヨンサンへ

용산에는ㄴパッチムがあるので、○の助詞으로がつくんだな

※와/과 (と) だけ、上記のルールとは逆になりますが、日常会話ではあまり使いません。

2 助詞を省略することも多い

　日常会話では、「는／은（～は）、가／이（～が）、를／을（～を）、의（の）、
에（～に）といった助詞を省略する傾向があります。むしろ助詞を省いたほ
うが、ネイティブっぽく聞こえるかも。特に의（の）は、日常会話ではほと
んど使いません。

3 助詞は組み合わせて使える

日本語と同じように、韓国語の助詞も組み合わせて使えます。

에 ＋ 는 ＝ 에는
に　　　は　　　には

例 주말에는 집에 있어요.

週末には家にいますか。

에 ＋ 도 ＝ 에도
に　　　も　　　にも

例 토요일에도 회사에 가요.

土曜日にも会社に行きます。

에서 ＋ 도 ＝ 에서도
で　　　　も　　　　でも

例 한국에서도 팔아요?

韓国でも売ってますか?

練 習 問 題

日本語の内容と合うように、次の ( ) 内に助詞を入れてみましょう。

❶ 커피 ( ) 케이크 ( ) 주세요.
コーヒーとケーキをください。

❷ 카페 ( ) 가요.
カフェに行きます。

❸ 저 ( ) 일본인이에요.
私は日本人です。

❹ 한국 ( ) 비행기 ( ) 가요.
韓国に飛行機で行きます。

❺ 비빔밥 ( ) 맛있어요.
ビビンバがおいしいです。

❻ 냉면 ( ) 있어요.
冷麺もあります。

❼ 친구 ( ) 전화해요.
友だちに電話します。

❽ 7시 ( ) 10시 ( ) 공부해요.
7時から10時まで勉強します。

答 え ❶ 하고／랑／와 (どれでも正解)、를 ❷ 에 ❸ 는 ❹ 에、로
❺ 이 ❻ 도 ❼ 에게／한테 (どちらでも正解) ❽ 부터、까지

助詞をスラスラと使うコツ

もう使い分けに困らない!

韓国語にもたくさんの助詞があるので、覚えるのが大変ですよね。基本的に、「韓国に〜」と言いたい場合はそのまま에（に）に置き換え、한국에〜とすればよいのですが、単語によっては日本語と違う助詞を使うこともあります。ここでは助詞の使い分けのコツを紹介します。

1 에と에서で迷ったら

🔊 12-1

에（に）、에서（で）は、どっちも場所を表す助詞。この2つ、形もよく似ているので迷いやすいんですよね。どっちを使うかわからなくなったら、下図のように「『〜に』は『E＝에』だ」と思い出してください。これで記憶を定着させましょう。

、 合体 /

にE → E → 에

〜に

한국에 가요.

韓国に行きます。

한국에서 삼겹살을 먹어요.

韓国でサムギョプサルを食べます。

> 「に」は「E」と形が似てるから에！

2 를/을を使う動詞がある

日本語では助詞「を」を使わないのに、韓国語では를/을（を）を使う単語もあります。まずは、一番よく使う좋아하다（好きだ）、타다（乗る）、만나다（会う）を覚えましょう。

～が好きだ ➜ -를 / 을 좋아하다
～に乗る ➜ -를 / 을 타다
～に会う ➜ -를 / 을 만나다

3 와/과、하고、(이)랑の使い分け

すべて「～と」を意味しますが、ニュースや会議などのオフィシャルな場かそうじゃないかで使い分けます。

かしこまった時	カジュアルに
와 / 과	**(이)랑、하고**
かしこまったニュアンスがあり、文章やオフィシャルな場でよく使われる。	ふだんの会話で使う。この2つは特にニュアンスの違いはなく、どちらを使ってもOK。

たとえば…

이거하고 저거 주세요 = 이거랑 저거 주세요.
これとあれください。

どちらの文章も同じ意味です！

4 時間を表す単語は「に」が必要

　日本語では助詞がつかないのに、韓国語では에（に）をつける場合があります。特に時間を表す際に必要です。

朝、運動をします。 ← 日本語では「朝に」とだと不自然

아침에 운동을 해요. ← 韓国語では、助詞 에 が必要

・次のような単語は에（に）とセットで覚えよう！

朝、昼、夕方、夜	아침에、점심（낮）에、저녁에、밤에
去年、来年	작년에、내년에
先月、今月、来月	저번 달에、이번 달에、다음 달에
先週、今週、来週	저번 주에、이번 주에、다음 주에
午前、午後	오전에、오후에

5 「で」を「に」に置き換える場合がある

　日本語では「で」を使いますが、에（に）に置き換えたほうが自然な場合もあります。次のような単語も、에をつけて丸ごと覚えておきましょう。

後で → ○ 나중에　✕ 나중에서

나중에 말해요. 後で話します。

最近では → ○ 요즘에는　✕ 요즘에서는

요즘에는 이것이 유행이에요. 最近ではこれがはやりです。

6 에と(으)로の使い分け

次のような方向 (性) を表す「に」は、에ではなく (으)로を使います。

に変わる／変える	(으)로 바뀌다 / 바꾸다
に変更される／変更する	(으)로 변경되다 / 변경하다
に乗り換える	(으)로 갈아타다 / 환승하다
に決める	(으)로 정하다
によって	(으)로 인해서
に向かう	(으)로 향하다

7 直訳だと少し不自然な「が」

疑問詞がある場合は助詞「は」ではなく가／이 (が) を使うのが一般的。
質問に答える時は、는／은 (は) でOKです。

＼이 (が) を使う／ ＼疑問詞あり／

Q 생일이 언제예요?

お誕生日はいつですか？

> 생일은 언제예요?でも
> 正解ですが、생일이〜
> のほうが自然！

＼答える時は은でOK！／

A 생일은 내일이에요.

誕生日は明日です。

Q 화장실이 어디예요?

トイレはどこですか?

A 화장실은 저기예요.

トイレはあそこです。

緊急事態に備えて、
このセリフは言える
ようにしておきたいね

8 밖에 (しか)は否定文でしか使えない

　만（だけ、ばかり）と밖에（しか）の使い分けに迷う人が多いようです。日本語でも「〜しか」の場合、「〜ない、できない」と否定文が続きますよね。韓国語でも同じ。밖에（しか）の後には否定文しか使えません。만は肯定文にも否定文にも使うことができます。

・만 (だけ、ばかり) → 肯定文、否定文に使える

Q 어떤 색이 있어요?

(買い物で)どんな色がありますか?

A 빨간색만 있어요. → 肯定文 ○

赤色だけあります。

다 있는데, 빨간색만 없어요. → 否定文 ○

全部ありますが、赤色だけないです。

・밖에 (しか) → 否定文にしか使えない

Q 어떤 색이 있어요?

(買い物で)どんな色がありますか?

없어요 (ないです)
には否定の意味が
あります

A 빨간색밖에 없어요. → 否定文のみ ○

赤色しかないです。

9 助詞にも尊敬形がある

　じつは尊敬形の助詞もあるんです。覚えておきたいのはこの３つ。この場合は、直前の語末にパッチムがあってもなくても同じ助詞を使います。

・尊敬形の助詞 ➜ 께서는（は）、께서（が）、께（〈人〉に）

할아버지께서는 말씀하셨어요.
おじいさんはおっしゃいました。

부모님께서 허락해 주셨어요.
両親が許してくれました。

선생님께 드리고 싶어요.
先生に差し上げたいです。

> 助詞にまで
> 尊敬形があるなんて！
> さすが礼儀を重んじる国だね

練 習 問 題

🔊 12-2

日本語の内容と合うように、次の（　）内に助詞を入れてみましょう。

❶ 선생님 (　　) 말씀하셨어요.
先生がおっしゃいました。

❷ 한국음식 (　　) 좋아해요.
韓国料理が好きです。

❸ 약속이 7시 (　　) 바뀌었어요.
約束が7時に変わりました。

❹ 작년 (　　) 서울에 갔어요.
去年、ソウルに行きました。

❺ 이것 (　　) 없어요.
これしかないです。

答 え　❶ 께서　❷ 을　❸ 로　❹ 에　❺ 밖에

指示代名詞の使い方

▷ **「この」「その」「あの」を覚えよう**

「こそあど」言葉は、正式には指示代名詞と言います。이 가방（このカバン）、그 사람（その人）など、名詞と一緒に使うことが多いですよ。

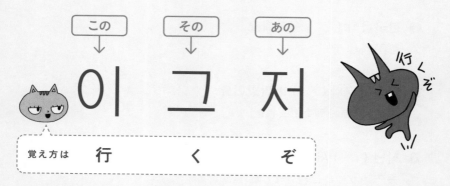

この	その	あの
↓	↓	↓

이 그 저

| 覚え方は | 行 | く | ぞ |

「この」「その」「あの」の使い分け 🔊 13-1

韓国語の「こそあど」言葉はほかにも数種類ありますが、最初の1文字（이／그／저）はほぼ変わりません。迷ったら「行くぞ」に立ち返りましょう。この3つに「どの」を加えた、さまざまな言い方を紹介します。

この	その	あの	どの
이	그	저	어느
これ	**それ**	**あれ**	**どれ**
이것 (이거)	그것 (그거)	저것 (저거)	어느 것

것 は「こと」「もの」という意味。会話では（　）内のように 人 を省略することが多いです

助詞と組み合わせて使う

この場合、「どの」に該当するものはありません

これは	それは	あれは	
이건 =이거는 (이것은)	그건 =그거는 (그것은)	저건 =저거는 (저것은)	
これが	**それが**	**あれが**	**どれが**
이게 =이거가 (이것이)	그게 =그거가 (그것이)	저게 =저거가 (저것이)	어느 게 =어느 거가 (어느 것이)
これを	**それを**	**あれを**	
이걸 =이거를 (이것을)	그걸 =그거를 (그것을)	저걸 =저거를 (저것을)	

会話では、이걸のように을／를を縮めて ㄹと言う時もあります

例 이걸 (＝이거를) 어쩌지?

これをどうしよう (どうすればいいんだろう)？

이건 뭐예요?

これは何ですか?

어느 게 싸요?

どれが安いですか?

「こそあど」のステップアップ表現　◀)) 13-2

「どんな」「このように」は韓国語で어떤、이렇게と言います。このような一見むずかしそうな単語もじつは이、그、저がベースになっているんです。

こんな	そんな	あんな	どんな
이런	그런	저런	어떤
このように	**そのように**	**あのように**	**どのように**
이렇게	그렇게	저렇게	어떻게
ここ	**そこ**	**あそこ**	**どこ**
여기	거기	저기	어디

例 **어떤 게 인기가 있어요?**
どんなものが人気がありますか?

이렇게 하면 돼요?
このようにすればいいですか?

역은 어디예요?
駅はどこですか?

「あの」の使い方は2つある?

 13-3

前ページで「あの」を意味する韓国語は 저であると解説しました。でも그 (その) を日本語の「あの」の意味で使うこともあるんです。ポイントは、目に見えるか、見えないかにあります。

저 영화 봤어요?
あの映画見ましたか?

그 영화 봤어요?
あの映画見ましたか?

1 見える場合 → 저を使う

目に見えるものを指さしながら話す場合。英語でいう「that」にあたる。道案内で「あの角を曲がって……」という時の「あの」。

2 見えない場合 → 그を使う

想像しながら話す場合。英語でいう「the」にあたる。「ほら、あの人だよ」「あれだよ…」などと思い出すような時によく使われる。

> なるほど!
> thatとtheの
> 違いか!

 練 習 問 題

日本語の内容に合うように、次の（　）内に指示代名詞を入れてみましょう。

❶ （　　　　） 케이크 진짜 맛있겠어요.

（指をさしながら）あのケーキ、本当においしそうです。

❷ 어제, 새로 생긴 카페에 갔는데, （　　　　） 카페, 진짜 좋아!

昨日、新しくできたカフェに行ったんだけどさ、

あのカフェ、本当に（めっちゃ）いいよ！

❸ （　　　　） 한복이에요.

あれは韓服です。

❹ （　　　　） 인기가 있어요?

どれが人気がありますか？

❺ 왜 （　　　　） 몰랐을까요?

何でこれを知らなかったんでしょう？

> 5番は、日本語で「なんで今になって気づいたんだろう！」というニュアンスの定番表現です

答 え **❶** 저　**❷** 그　**❸** 저건　**❹** 어느 게　**❺** 이걸

人の呼び方を覚えよう

会話でよく使う縮めた言い方に注目！

🔊 14-1

「私」「あなた」といった、人を指す言葉を紹介します。基本的にはそのまま助詞をつけて使えますが、一部形が変わるものがあるので注意しましょう。

	ふだんの会話	かしこまった場 (わたくし)		
私	나	저	あなた	너
私は	나는 (난)	저는 (전)	あなたは	너는 (넌)
私が	내가	제가	あなたが	네가
私を	나를 (날)	저를 (절)	あなたを	너를 (널)
私も	나도	저도	あなたも	너도
私の	내	제	あなたの	네
私に	나에게 (나한테)	저에게 (저한테)	あなたに	너에게 (너한테)

　日常会話では、（　）内のように縮めて言うことがほとんどです。また、韓国では、相手が1歳でも年上であれば謙譲語、尊敬語を使うので、年上の人には 저（わたくし）を、友だち同士では 나（私）を使います。

　日本語では「彼女、彼」という表現をよく使いますよね。でも、会話ではあまり使いません。その代わりに「그 사람（あの人）、그분（あの方）、〜씨（〜さん）」という言い方をします。

目上の人の前では 저を使えばいいんだね！

縮めると形が変わるもの （※ 14-2

助詞の가がつくと形が変わる時もあるので注意しましょう！

・私が、あなたが

✕ 나가 / 저가　私が　→　〇 내가 / 제가

✕ 너가　あなたが　→　〇 네가

例 제가 낼게요!　私がおごります！

 네 (あなたの) は내 (私の) と発音が似ているので、会話では네를 니で発音する時が多いです

　縮めて短く言うことが多い韓国語ですが、単純に縮めない場合もあるのでいくつか紹介しますね。

・この子、その子、あの子

이 아이　この子　→　이 애　→　애

그 아이　その子　→　그 애　→　걔

저 아이　あの子　→　저 애　→　쟤

どんどん
短くなっちゃった！

　이 아이가（この子が）でも間違いではありませんが、ふだんの会話では縮めて애가と言うのが一般的です。韓国ドラマの、たとえばうわさ話をするシーンのセリフをよく聞いてみてください。「あの子が〜」と言う時に걔（その子）と言っているはずですよ（その子걔になる理由は、69ページを参照ください）。

ネイティブのような呼び方をしてみたい 🔊 14-3

　韓国ドラマなどで、相手のことを「〜ア、〜ヤ」と呼んでいるのを聞いたことはありませんか？　○○（名前）＋야／아は親しい間柄での名前の呼び方。パッチムがない場合は야、ある場合は아をつけます。

例 **パッチムなしの名前** ＋ **야** ➡ 例 **사나야** サナ／サナちゃん

　　パッチムありの名前 ＋ **아** ➡ 例 **지민아** ジミン／ジミンくん

　日本語の「〜ちゃん」「〜くん」のように理解している人も多いのですが、じつは少しニュアンスが違い、親子や親友同士で呼び捨てにする感覚でよく使います。日本の「ちゃん・くん」づけの呼び方より、もっと距離感が近いんです。야／아を使う時は、次のことに気をつけましょう。

---

1 名前に야／아 をつける
苗字にはつけません。

2 呼びかける時だけ使う
「○○ちゃん／くんは〜」という場合は呼びかけてはいないので、
○○야는〜のようには使いません。

✕ 사나야는　✕ 지민아는

文章内で名前を呼ぶ場合

　文章内で名前を呼ぶ時は、名前の直後に는/은 (は)をつけず、相手との距離感によって言葉を補います。パッチムの有無で変わります。

・名前の最後にパッチムがある → 名前の後ろに이をつける

　　⭕ 지민이는 　ジミンは

　　　　❌ 지민은 ← 間違いではないが、ふだんの会話ではあまり使わない。
　　　　❌ 지민아는 ← 不自然

・名前の最後にパッチムがない → そのまま 는(は)をつけてOK

　　⭕ 민호는 　ミノは

　　　　❌ 민호야는 ← 不自然

・上下関係や距離がある場合 → 씨(さん)、님 (様) をつける

　　지민 씨는 　ジミンさんは
　　지민 님은 　ジミン様は

これで推しの名前を
呼ぶ時に困らない〜

簡単な文を作ってみよう

「〜です」「〜ではありません」が言える!

　主語や助詞がわかると、「〜です／〜ではありません」「〜あります／あり
ません」といった簡単な文章を作ることができます。名前、職業、国籍、趣
味の後に입니다をつけると、簡単に自己紹介もできますよ。

〜です　　　　　　　　　　　　　　　🔊 15-1

「名詞+です／ではありません」には2種類の言い方があります。

・かしこまった表現(ハムニダ体)

名詞 ＋ 입니다

ニュースや会議などオフィシャルな場でよく使われる。「〜でござい
ます」のようなニュアンス。

例 일본인입니다. 日本人でございます。

・カジュアルな表現(ヨ体)

名詞 ＋ 예요/이에요

ふだんの会話で使う。カジュアルだがていねいな表現なので、目上
の人にも使える。名詞の最後にパッチムがなければ예요、あれば
이에요をつける。

例 주부예요. 主婦です。　회사원이에요. 会社員です。

「～ではありません」を、韓国では「～がありません」と言います。
助詞の使い方が違うので注意しましょう。

・かしこまった表現 (ハムニダ体)

名詞 ＋ **가 아닙니다/이 아닙니다**

名詞の最後の文字にパッチムがなければ가、あれば이をつけて아
닙니다をつける。

例 **가수가 아닙니다.** 歌手ではありません。
한국인이 아닙니다. 韓国人ではありません。

・カジュアルな表現 (ヨ体)

名詞 ＋ **가 아니에요/이 아니에요**

名詞の最後にパッチムがなければ가、あれば이をつけて아니에요を
つける。

例 **남자 친구가 아니에요.** 彼氏ではありません。
이건 일본 음식이 아니에요.
これは日本料理ではありません。

> パムニダ体とヨ体については、98ページ
> からもっと詳しく解説します！

あります、ありません

있다／없다を使って、「（人や物が）います、あります／いません、ありません」と言うことができます。日本語では対象が人の場合は「いる／いない」、物の場合は「ある／ない」と言い方が変わりますが、韓国語では対象に関係なく、存在する場合は있다、存在しない場合は없다を使います。

・かしこまった表現（ハムニダ体）

名詞 ＋ 있습니다/없습니다
名詞の後に「ある、いる」の場合は있습니다、「ない、いない」の場合は없습니다をつける。

例 **저는 한국 친구가 있습니다.**
私は韓国の友だちがいます。

한국에 코타츠는 없습니다.
韓国にコタツはありません。

・カジュアルな表現（ヨ体）

名詞 ＋ 있어요/없어요
名詞の後に「ある、いる」の場合は있어요、「ない、いない」の場合は없어요をつける。

例 **잔돈이 있어요.** 小銭があります。

요즘 시간이 없어요. 最近、時間がありません。

語尾を上げるだけで疑問形になる

名詞+예요／이에요や名詞＋있어요／없어요などの요で終わる表現は、語尾を上げて発音するだけで疑問文になります。特に旅行では「〇〇はありますか？」などと聞くことも多いと思いますが、これなら簡単ですよね。

티켓 있어요?　チケット（が）ありますか？

　　　　　　　　　　　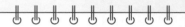 15-4

ヒントを参考にしながら、次の日本語を韓国語にしてみましょう。

❶ これは服です。
❷ ご飯とスープです。
❸ 友だちは歌手です。
❹ 父は会社員ではありません。
❺ ここは明洞ではありません。

ヒント 友だち **친구**　歌手 **가수**　父 **아빠／아버지**　会社員 **회사원**

---

　❶ 이건 옷이에요 / 옷입니다.
　　※이건=이거는=이것은（どれでも正解）
　❷ 밥하고 국이에요 / 국입니다.　※하고=이랑=과（どれでも正解）
　❸ 친구는 가수예요 / 가수입니다.
　❹ 아버지는 회사원이 아니에요 / 아닙니다.
　❺ 여기는 명동이 아니에요 / 아닙니다.

数字の言い方をマスター

韓国語の数字は2種類ある

　韓国語の数字には、漢数詞と固有数詞があります。日本語にも「いち、に、さん……」と「ひとつ、ふたつ、みっつ……」という2通りの数え方があるのと同じ。それぞれ次のように言います。

> 日本語の「いち、に、さん……」 → 漢数詞
> 日本語の「ひとつ、ふたつ、みっつ……」 → 固有数詞

漢数詞の使い方　🔊 16-1

　漢数詞の1〜10は次のとおりです。特に価格を表す時に使うので、早めに覚えて旅行に生かしたいですよね。数字の並べ方も、日本語と同じ。桁の大きいほうから順にハングルに置き換えればOKです。

1 (一)	2 (二)	3 (三)	4 (四)	5 (五)	6 (六)	7 (七)	8 (八)	9 (九)	10 (十)
일	이	삼	사	오	육	칠	팔	구	십
100 (百)			1000 (千)			10000 (万)			
백			천			만			

- 38（三十八） → 삼십팔
- 500（五百）→ 오백
- 1385（千三百八十五）→ 천삼백팔십오

日本語と
読み方
似てる〜

ただし、一万の時は일 만ではなく、만のみ。「百」や「千」も同様です。

・**10000（一万）→** 만 　　・**100（百）→** 백

数字の0は2つの言い方があり、日本語の「零」（れい）は영を、携帯番号などの「ゼロ、マル」は공を使います。

. (小数点) は点と
表します

・**0.5% →** 영점오 퍼센트

・**010-1234-5678 →** 공일공 일이삼사 오육칠팔

固有数詞の使い方

해나, 둘, 셋…

◀)) 16-2

ひとつ、ふたつ、みっつ……のように
何かを数える時によく使います。20から
読み方が変わったり、例外もあるので注
意しましょう。

1（ひとつ）	2（ふたつ）	3（みっつ）	4（よっつ）	5（いつつ）
하나(한)	둘(두)	셋(세)	넷(네)	다섯
6（むっつ）	**7（ななつ）**	**8（やっつ）**	**9（ここのつ）**	**10（とお）**
여섯	일곱	여덟	아홉	열

20	30	40	50
스물	서른	마흔	쉰
60	**70**	**80**	**90**
예순	일흔	여든	아흔

・**21 →** 스물하나　　・**43 →** 마흔셋
・**18 →** 열여덟

注意すべき固有数詞の読み方

🔊 16-3

1 1〜4の使い方に注意

　固有数詞の１〜４は개（個）、명（名）など（このような、ものの数量を表す語を助数詞と言います）がつくと、文字の形と読み方が少し変わるので注意しましょう。

１	2	3	4
하나	둘	셋	넷
⬇	⬇	⬇	⬇

1個	2個	3個	4個
한 개	두 개	세 개	네 개
✕ 하나 개	✕ 둘 개	✕ 셋 개	✕ 넷 개

> 다섯 (5つ) 以後は다섯 개 (5個)、
> 아홉 개 (9個) のように、そのまま使います

2 20歳の読み方は特別

　日本でも「にじゅっさい」ではなく、「はたち」と読みますよね。韓国語も読み方が変わります。

✕ 스물 살 ➜ ○ 스무 살

> やっぱ20歳って特別だよね！

　ちなみに漢数詞、固有数詞ともに、書く場合は算用数字でも表記します。

練 習 問 題

問題 1　次の数字を漢数詞にして、声に出して読んでみましょう。

1 45 （　　　　）　　　　　　**2** 350 （　　　　）
3 2998 （　　　　）　　　　　**4** 12872 （　　　　）
5 10000 （　　　　）

問題 2　次の数字を固有数詞にして、声に出して読んでみましょう。

1 1 （　　　　）　　　　　　**2** 4 （　　　　）
3 5 （　　　　）　　　　　　**4** 8 （　　　　）
5 11 （　　　　）

答　え

問題 1　**1** 사십오　**2** 삼백오십　**3** 이천구백구십팔
4 만이천팔백칠십이　**5** 만

問題 2　**1** 하나　**2** 넷　**3** 다섯　**4** 여덟　**5** 열하나

漢数詞、固有数詞の使い分け

どんな時、どっちの数詞を使えばいいの？

漢数詞と固有数詞があるのを知ったけど、どう使い分ければよいのか迷いますよね。簡単に覚えるコツは目に見えるか、見えないか、です！

일、이、삼、사と 하나、둘、셋、넷
どっちを使えばいいんだ!?

目に見えないものは漢数詞　🔊 17-1

漢数詞を使うのは年や日付、価格などの場合で、「目に見えない」という共通点があります。

	例		例
年(년)	**일 년** (1年)	%(퍼센트)	**구십오 퍼센트** (95%)
階(층)	**삼 층** (3階)	分(분)	**삼십 분** (30分)
度(도)	**이십 도** (20度)	秒(초)	**십오 초** (15秒)
年生、学年 (학년)	**육 학년** (6年生)	人前／人分 (인분)	**이인분** (2人前)
日付(날짜)	**삼월 십삼일** (3月13日)	番(번)	**십팔 번** (18番)
価格(가격)	**오백 원** (500ウォン)	番号(번호)	**공일공 일이삼사 오육칠팔** (010-1234-5678)

目に見えるものは固有数詞

固有数詞を使うのは年齢や人数、個数や本数などの場合です。これらは「目に見える」という共通点があります。

	例		例
個(개)	**한 개**（1個）	時間(시간)	**여덟 시간**（8時間）
名(명)	**세 명**（3名）	歳(살)	**스무 살**（20歳）
枚(장)	**열한 장**（11枚）	冊(권)	**여섯 권**（6冊）
瓶(병)	**다섯 병**（5瓶）	杯(잔)	**두 잔**（2杯）
匹、羽、頭(마리)…	**네 마리**（4匹）	台(대)	**아홉 대**（9台）

例外は살（歳）・시（時）・번（回）
（サル）（シ）（ボン）

ただし例外があって、살（歳）、시（時）、번（回）は、「目に見えない」けれど固有数詞（하나、둘、셋……）を使うルールがあります。

> 살サル、시シ、번ボン……サルシボン。
> 猿しぼむで覚えよう！

数字を使いこなす2つのコツ

🔊)) 17-3

1 助数詞が出てこない場合

「個」「枚」といった助数詞がわからない場合は、固有数詞（하나、둘、셋）を使いましょう。日本語でも「ビール1杯」を「ビール1つ」と言ったりしますよね。

例 **맥주 하나 주세요.** ビール1つください。

2 とりあえず、개 (個) は覚えておこう！

もっともよく使われる助数詞は개 (個) でしょう。これさえ覚えておけば、買い物は問題ないはず！

例 **이거 세 개 주세요.** これ、3個ください。

まあ、困ったら指チャーンス！ 伝わることが大事なので、指で示すのもありです。覚えるまでは指で乗り切りましょう。

ボディーランゲージって最高だよね

Jooの One Point Advice

원は連音化に注意！

価格は漢数詞＋원で表しますが、원がつくと連音化（45ページ）し、「ウォン」とそのまま発音されるケースはほとんどありません。500ウォンなら「オベグォン」になったり、13000ウォンなら「マンサンチョノン」と変化します。数字の練習の時に口に出して読み上げながら、連音化に徐々に慣れていきましょう。

500 원 → 오백 원 [오배권]　　**10000 원 → 만 원 [마넌]**

練 習 問 題

次の日本語を韓国語に変えてみましょう。

❶ Q. 몇 살이에요? 何歳ですか？
　A. (　　　　　　　　). 25歳です。

❷ Q. 한국어 공부는 얼마나 했어요?
　　韓国語（の）勉強は、どのくらいしましたか？
　A. (　　　　　　　　). 5年です。

❸ Q. 한국에 몇 번 왔어요?
　　韓国に何回来ましたか？
　A. (　　　　　　　　). 3回です。

答 え

❶ 스물다섯 살이요.
❷ 오 년이요.
❸ 세 번이요.
※答える時は예요／이에요より (이) 요で答えたほうが自然です。

日時と曜日の言い方

▷▷ **これで旅行も安心！**

　漢数詞と固有数詞を使って、日時を言えるようになりましょう。日時や値段を言ったり、聞き取ったりできれば、ひとまず旅行には困らないはず！

時計の読み方　　　🔊 18-1

　時刻を表す時は、固有数詞と漢数詞を組み合わせて使います（ただし、1～4時は言い方が違います。81ページを参照ください）。

～時		～分
固有数詞 ＋ 시	＋	漢数詞 ＋ 분

例 9時15分 → 아홉 시 십오 분
　　　　　 └─9─┘└시┘└─15─┘└分┘

1時27分 → 한 시 이십칠 분
　　　 └1┘└時┘└──27──┘└分┘

> 1時の「1」は하나じゃなく、한になるんだね。1〜4を言う時は気をつけなきゃ

　韓国でも24時間表記をすることはありますが、「午前」「午後」をつけて言うことも多いです。時間帯を表す単語も合わせて紹介しましょう。

例 午後11時半 → 오후 열한 시 반
　　　　　 └午後┘└─11─┘└時┘└半┘

時間帯に関する言葉まとめ

아침、점심、저녁にはそれぞれ「朝食」「昼食」「夕食」という意味もあります。

例 **아침 먹어요.** 朝ご飯（を）食べます。

日付の読み方

🔊 18-2

韓国語の日付も日本語と同じように数字を並べて読みます。월が「月」、일が「日」を意味します。

～月	～日
漢数詞 ＋ 월	漢数詞 ＋ 일

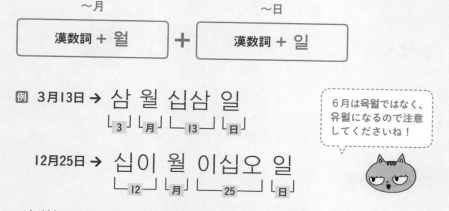

> 6月は육월ではなく、유월になるので注意してくださいね！

ただし、6月と10月は発音が変化するので注意しましょう。

88

例 6月2日 → 유월 이일 ✕ 육월 → ◯ 유월
ㄱ은 없음

10月19日 → 시월 십구일 ✕ 십월 → ◯ 시월
ㅂ은 없음

曜日の読み方

🔊 18-3

曜日の読み方もマスターしてしまいましょう。曜日はもともと漢字由来の漢字語です。「水」は수、「木」は목と音が近いので覚えやすいはず！

曜日		曜日	
月曜日	월요일	金曜日	금요일
火曜日	화요일	土曜日	토요일
水曜日	수요일	日曜日	일요일
木曜日	목요일		

수
01

| 練 | 習 | 問 | 題 |

問題1　次の時間を韓国語で読んでみましょう。

❶ 1時30分　　　　　　　❷ 12時45分
❸ 7時18分　　　　　　　❹ 3時28分

問題2　次の日付を韓国語で読んでみましょう。

❶ 2月17日　　　　　　　❷ 12月3日
❸ 10月1日　　　　　　　❹ 4月24日

| 答 | え |

問題1　❶ 한 시 삼십 분(반)　※30分は반 (半) と言ってもOK
　　　　　❷ 열두시 사십오분
　　　　　❸ 일곱시 십팔분　❹ 세시 이십팔분
問題2　❶ 이월 십칠일　❷ 십이월 삼일
　　　　　❸ 시월 일일　❹ 사월 이십사일

疑問表現の覚え方

グループ分けしてインプットしよう!

　よく使う疑問詞を整理してみましょう。たくさんあるので、グループ分けすると覚えやすいかもしれません。韓国語の疑問詞は、「どんな料理」「どこで」「何の意味が」など、日本語をそのまま置き換える形で使えます。

覚えておきたいおもな疑問表現　　🔊 19-1

어 で始まるグループ

飲食店などで、どれがおすすめかを聞く時などによく使う表現です

「どんな」「どうやって」「どう」など　➡　**어**で始まることが多い

어떤
—
どんな

例 **어떤 게 맛있어요?**
どんなものがおいしいですか?

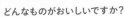

어떻게
—
どうやって

例 **어떻게 가면 돼요?**
どうやって行けばいいですか?

どうやって行けばいいですか?

어느
—
どの、どれ

例 **어느 게 더 좋아요?**
どのもの(どれ)がもっといいですか?

どっちがいい?

どっちがいい?

어디
どこ

例 **어디에 가요?**
どこに行きますか？

どこ＋助詞で、場所に関するさまざまな表現ができます。
어디에서 (どこで)、어디에서도 (どこでも)、어디까지 (どこまで)

언제
いつ

例 **언제 와요?**
いつ来ますか？

いつ＋助詞で、時間に関するさまざまな表現ができます。
언제까지 (いつまで)、언제부터 (いつから)、언제든지 (いつでも)

얼마
いくら

例 **이거 얼마예요?**
これ、いくらですか？

□ で始まるグループ

「何」「何が」などは□で始まるものが多い

➡ 何は□で覚えよう

뭐
何

例 **뭐 해요?**
何してるのですか？

무엇を短くした形。日常会話では뭐をよく使います

뭐가
何が

例 **뭐가 문제예요?**
何が問題ですか？

뭘
——
何を

例 **뭘** 하고 싶어요?

何をしたいですか?

> 뭘(何を)＝뭐를を短くした形です

뭐라고
——
何て

例 한국말로 **뭐라고** 해요?

韓国語で何て言いますか?

뭔가
——
何か

例 **뭔가** 이상해요.

何かおかしいです。

무슨
——
何の

例 **무슨** 의미예요?

何の意味ですか?

> 무슨+名詞の形で使います。어떤 (どんな) との使い分けについて
> よく質問されますが、日本語の「何の」「どんな」の使い方とほぼ同
> じです

몇
——
何

例 **몇** 살이에요?

何歳ですか?

> 数をたずねる疑問詞。〜個、枚のように「何＋助数詞」で答える
> 場合は몇を使う。몇 시 (何時)、몇 월 (何月)、몇 개 (個)…など。
> ※例外:何日は몇 일ではなく며칠と書きます

そのほか

왜
なぜ、何で

例 **왜**요?
なぜですか?

> タメ口だと왜? と言います。これ、聞いたことありませんか?

누구
誰

例 **누구**예요?
誰ですか?

よく似ている어떡해と어떻게

　어떡해、어떻게……この２つの違いがわかりますか？　発音は両方とも「オットケ」になりますが、じつは意味が全然違います。어떻게は「どのように、どうやって」という意味で、어떡해は「どうしよう」という意味なのです（어떡해の原形は어떡하다）。

例　Q 집에 어떻게 가요?　　家にどうやって帰りますか?

　　A 버스로 가요.　バスで帰ります。

　　Q 그래요? 근데 지금 늦어서 버스가 없어요!
　　　そうですか?　でも今遅いので(こんな遅い時間だと)バスがないです!

　　A 어머! 그래요? 어떡해!　あら、そうですか? どうしよう!

　어떡해の代わりに、어쩌지を使っても大丈夫です（原形は어찌하다）。ていねいに「どうしましょう」という時は語尾に요をつけて言います。

例　이제 우리 어떡해요? (＝어쩌지요?)
　　さて私たちどうしましょう?(どうすればいいでしょうか?)

練 習 問 題

🔊 19-3

日本語の内容に合うように、次の（　）の中に疑問詞を入れてみましょう。

1 これは何て言いますか？
　　이건 (　　　　　　　　) 말해요?

2 何のドラマですか？
　　(　　　　　　　) 드라마예요?

3 何人ですか？
　　(　　　　　　) 명이에요?

4 何を探していますか？
　　(　　　　　　) 찾고 있어요?

5 何でそうですか？
　　(　　　　　　) 그래요?

> 「何でそうですか？」
> という表現は、「どう
> したの？」の意味で
> よく使われます

答　え ❶ 뭐라고　❷ 무슨　❸ 몇　❹ 뭘　❺ 왜

第 **3** 章

推しの言うこと、
少しぐらいは
理解したいな！

韓国語の
基本文法

第3章では、いよいよ韓国語の基本文法に突入！
「です・ます」という表現にはハムニダ体とヨ体が
ありますが、本書では日常会話でよく使うヨ体を中心に
紹介していきます。このヨ体をベースに、
過去形や尊敬形も一気にマスターしちゃいましょう！

ハムニダ体とヨ体

▶ 「です、ます」を言えるようになる！

　日本語の「です、ます」にあたるのが、韓国語のハムニダ（-ㅂ/습니다）体、ヨ（요）体です。それぞれ次のような違いがあります。

ハムニダ体 (-ㅂ/습니다)	ヨ体 (요)

語尾が-ㅂ/습니다で終わる文のこと。かしこまったニュアンスがあり、ニュースや会議などのフォーマルな場でよく使われる。	語尾が요で終わる文のこと。日常会話で使われるのはほとんどこっち。

なんとかヨってよく聞くけど、Yo!的なノリなのかな？

それは違うYo〜！ じつは、ていねいな言い方。日常会話でよく使うYo!

　「行く」→「行きます」、「忙しい」→「忙しいです」に活用することを、ハムニダ体にする、ヨ体にすると言います。特にヨ体がわかるようになると、疑問文、勧誘文、命令文、タメ口などのさまざまな表現が簡単にできるようになるので、会話の幅がぐっと広がりますよ。

韓国語の活用の基本は「語幹」

　ここからの解説には、「語幹」「用言」といった言葉がよくでてきます。最初に言葉の意味を説明しますね。

・**用言**…動詞、形容詞を指し、活用される語のこと。

・**語幹**…動詞や形容詞の原形から다を取った形。特に最後の文字を「語幹末」などと言ったりします。基本的に、動詞は原形のまま使うことはほとんどありません。

ここが語幹
↓
가다 行く　　　　　　ここが語幹
↓
만나다 会う

ハムニダ体の作り方 　　　🔊 20-1

　用言の語幹末にパッチムがなければ-ㅂ니다、あれば-습니다をつけます。

作り方 用語の語幹 ＋ ㅂ/습니다

例 **가다** 行く → 가 ＋ ㅂ니다 → 갑니다 行きます
　 먹다 食べる → 먹 ＋ 습니다 → 먹습니다 食べます

　-ㅂ/습니다を-ㅂ/습니까？（〜ですか？）に変えると疑問形になります。

例 **가다** 行く → 가 ＋ ㅂ니까 → 갑니까? 行きますか?
　 먹다 食べる → 먹 ＋ 습니까 → 먹습니까? 食べますか?

ヨ体の作り方

 20-2

ヨ体を作る時は、語幹末の母音が重要です。手順は次のとおり。

STEP 1 語幹の最後の母音を確認

알다 わかる、知る 語幹末 알 → 母音 ト

맛있다 おいしい 있 → ㅣ

語幹とは用言の
原形から다を取った
形のことだよね。
ちゃんと覚えてるし！

STEP 2 母音に合わせて아요か어요をつける

語幹末の母音がト、ㅗの場合 → 아요 をつける

알 + 아요 → 알아요 わかります

語幹末の
母音に注目！

語幹末の母音がト、ㅗ以外 → 어요 をつける

맛있 + 어요 → 맛있어요 おいしいです

ちなみに、このようなヨ体から요を取った形を-아/어形といいます。これも文法の解説でよく出てくるので、覚えておいてくださいね。

> **ヨ体から요を取った形** → -아/어 形

なるほどね。もしかして、요を
つけない먹어（食べる）のまま
だとタメ口になるってこと!?

そのとおり！ つまりヨ体は、
-아/어形＋요ってことなんだ

ヨ体は魔法の言葉

🔊 20-3

　ヨ体はイントネーションを変えて言うだけで、疑問文、勧誘文、命令文になります。どれだけ便利な言葉なのか！　ヨ体のよさがわかるように、ハムニダ体と比べて紹介したのが下の表です。ハムニダ体は目的によってそれぞれ語尾を変える必要がありますが、ヨ体にはその必要がないんです。

	特徴	ヨ体	ハムニダ体
平叙文	語尾のトーンが下がる （.で終わる）	먹어요. 食べます	먹습니다. 食べます
疑問文	語尾のトーンが上がる （?で終わる）	먹어요? 食べますか?	먹습니까? 食べますか?
勧誘文	誘う感じの イントネーション	먹어요〜 食べましょう	먹읍시다〜 食べましょう
命令文	命令する感じの イントネーション	먹어요! 食べてください!	먹으십시오! 食べてください!

ハムニダ体は語尾を
変えなきゃいけないけど、
ヨ体のほうは、ぜ〜んぶ
먹어요でOK!

なんだ！　この得した気分は♡

練 習 問 題

問題I　次の語をヨ体に変えてみましょう。

1 좋다　良い

2 좋아하다　好きだ

3 맛있다　おいしい

4 맛없다　（味が）まずい

5 먹다　食べる

6 신다　履く

7 입다　着る

8 작다　小さい

問題2　次の日本語を韓国語に変えてみましょう。
　　　　下のヒントを参考にしてくださいね。

1 ビビンバ好きです。

2 チキンはおいしいです。

3 友だちと遊びます。

4 私は大丈夫です。

ヒント　ビビンバ **비빔밥**　チキン **치킨**　友だち **친구**　と **하고**　私 **저**

答　え

問題I　**1** 좋아요　**2** 좋아해요　**3** 맛있어요　**4** 맛없어요
　　　　5 먹어요　**6** 신어요　**7** 입어요　**8** 작아요

問題2　**1** 비빔밥 좋아해요.　**2** 치킨은 맛있어요.
　　　　3 친구하고/랑/와 놀아요.　**4** 저는 괜찮아요.

하다用言と縮約形のㅛ体

ルールを守らない例外に注意

　ㅛ体は用言を아/어形にして요をつけるだけなので、基本的にはとてもシンプルです（「そんなことない！」という声が聞こえてきそうですが、いったん身につくと息をするようにㅛ体が作れるようになるので大丈夫！）。ただし、ルールを守らないの例外があるのです。

出たー！

하다のㅛ体は해요になる

🔊 21-1

　하다の語幹は하。ㅛ体を作るルールだと아요がつきそうなものですが、하다のㅛ体は해요になります。사랑해요って聞いたことありますか？　じつはこれ、사랑하다（愛する）の하다が해요に変わった形です。

例 사랑하다 愛する → 사랑해요 愛してます

あ、なるほどね！　なんか得した気分♡

하다
する

해요
します

縮約されるパターンがある

語幹末にパッチムがない場合は、短くまとめられてしまうことがあります。これを「縮約」といいます。

例 가다 行く → 가 + 아요 → 가요

‵ パッチムなし ╱   ‵ まとめちゃえ ╱

縮約されるケースは、①余計に伸ばさない省エネグループ、②ㅓが中に入っているグループ、③ㅇがなくなり合体するグループに分けられます。

	語幹末の母音	例	-아/어形	縮約形	ヨ体
余計に伸ばさない **省エネグループ**	ㅏ	가다 行く	가+아	가	가요 行きます
	ㅓ	서다 立つ	서+어	서	서요 立ちます
ㅓが中に入ってる **オイリー（ㅓ入り）グループ**	ㅐ	내다 出す	내+어	내	내요 出します
	ㅔ	세다 強い	세+어	세	세요 強いです
	ㅕ	켜다 点ける	켜+어	켜	켜요 点けます
ㅇがなくなって **合体パズルグループ**	ㅣ	마시다 飲む	마시+어	마셔	마셔요 飲みます
	ㅗ	보다 見る	보+아	봐	봐요 見ます
	ㅜ	주다 くれる	주+어	줘	줘요 くれます
	ㅚ	되다 なる	되+어	돼	돼요 なります

では、1つずつ見てみましょう。

- **省エネグループ**

ㅏ＋ㅏとかㅓ＋ㅓとか、2個ついていたら伸ばしたくなりますよね。でも、伸ばしても意味がないから縮めて言います。だから省エネ！

- **オイリー（ㅓ入り）グループ**

ㅐやㅔやㅕの中にすでにㅓが入ってる。ならばそのまま使っちゃえ！

- **合体パズルグループ**

子音ㅇは音がないので、아でもㅏでも同じこと。ならばㅇなしでいいじゃ～ん！というわけで母音がくっつく。だから合体パズル。たとえば、보다ならこういうことです。

なんかパズルみたいでおもしろい！でも마시다가마셔요になるの、なんで？

＼ㅇを取っちゃえ／

보 ＋ 아 ➡ 봐 ＋ 요 ＝ 봐요

／ㅏを直接つけちゃえ＼

よく間違えやすいㅕになるパターン

마시다가마셔요……なぜ ㅣ が ㅕ になるかというと、こういうこと！

＼パッチムなし／ ＼縮めちゃえ／

마시 ＋ 어요 ➡ 마시어요 ➡ 마셔요

ㅣとㅓを縮めて言うとㅕに近い音になる

そういう縮め方か～

語幹末に ㅂ、ㅎ、ㅅ、ㄷ、으（ㅡ）、ㄹ がある

語幹の最後にㅂ、ㅎ、ㅅ、ㄷ、으（ㅡ）、ㄹがある動詞・形容詞は、ㅕ体の基本ルールに従わず、それぞれの方法で変化する場合もあります。これらを「変則活用」と言いますが、詳しくは第4章で解説しますね。

| 練 | 習 | 問 | 題 |

問題I　次の語をヨ体に変えてみましょう。

❶ 가다　行く　　　　　　　❷ 서다　立つ
❸ 내다　出す　　　　　　　❹ 사다　買う
❺ 싸다　安い　　　　　　　❻ 비싸다　高い
❼ 마시다　飲む　　　　　　❽ 되다　なる

問題2　次の日本語を韓国語に変えてみましょう。
　　　　下のヒントを参考にしてくださいね。

❶ 韓国に行きます。　　　　❷ 韓国語を学びます。
❸ それは値段が高いです。　❹ テレビに出てきます。
❺ 宿題を出します。

ヒント　韓国 한국　に 에　韓国語 한국어　を 를/을　それ 그거
は 는/은　テレビ 텔레비전　宿題 숙제　出す 내다

| 答 | え |

問題I　❶ 가요　❷ 서요　❸ 내요　❹ 사요　❺ 싸요
　　　　❻ 비싸요　❼ 마셔요　❽ 돼요

問題2　❶ 한국에 가요.　❷ 한국어를 배워요.
　　　　❸ 그거는 비싸요.　❹ 텔레비전에 나와요.
　　　　❺ 숙제를 내요.

좋다と좋아하다の違い

「好きです」は「チョアヨ」じゃないの？

「『好きです』って좋아요だと思ったのに、좋아해요って言っている時、ありませんか？」。その質問……正しいです！　みなさんは、좋아요と좋아해요の違いをわかっていますか？　ここで、きっちり理解しておきましょう。

「好き！」って言いたい時、
どっちを使えばいいんだろう？

좋아요、좋아해요の使い分け　🔊 22-1

　下の表は、좋아요、좋아해요の原形である좋다、좋아하다の違いをまとめたものです。じつは좋다は英語で言うGoodの意味に、좋아하다はLikeの意味に近い。よって「好きだ」という場合は、좋아하다が正解です。

	좋다	좋아하다
意味	良い	好きだ、好む
文法	名詞 ＋ 가/이 좋다 （～が良い） 기분이 좋아요. 気分（気持ち）が良いです。 날씨가 좋아요. 天気が良いです。	名詞 ＋ 를/을 좋아하다 （～が好きだ） 친구는 고구마를 좋아해요. 友だちはさつまいもが好きです。
ニュアンス	Good Like（主語が自分の場合）	Like

좋다を「好き」の意味で使うこともある 22-2

でも「好き」という意味で
좋아요って言ってるんだけどなぁ

　いいところに目をつけましたね！ じつは主語が自分（一人称）の時は、
좋다を「好き」の意味で使うことができます。

自分

例 私はK-POPが好きです。

- **O** 나는 케이팝이 좋아요.
- **O** 나는 케이팝을 좋아해요.

좋다
좋아하다

→ **主語が自分の場合はどちらも使える。**

自分以外

例 友だちはK-POPが好きです。

- **△** 친구는 케이팝이 좋아요.
- **O** 친구는 케이팝을 좋아해요.

좋아하다

→ **主語が二・三人称の場合は、좋다だと不自然になる。**

를/을 좋아하다（〜が好きだ）の助詞は、가/이（が）では
なく를/을（を）になるので注意しましょう（60ページ）

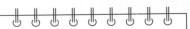

練 習 問 題

次の日本語に合う韓国語を選びましょう。

問題 1　私(は)読書(が)好きです。

A. 저 독서 좋아해요.　　　　　　B. 저 독서 좋아요.

問題 2　彼氏は韓国料理(が)好きですか？

A. 남자친구는 한국음식 좋아해요?

B. 남자친구는 한국음식 좋아요?

問題 3　今日、天気(が)良いですか？

A. 오늘, 날씨 좋아요?　　　　　　B. 오늘, 날씨 좋아해요?

答 え

問題 1　A、B　主語が一人称なのでどちらも正解

問題 2　A　主語が二・三人称であるため

問題 3　A　「良い」という意味は좋다になる

否定の안と不可能の못

▶ **「しません、できません」を覚えよう**

「〜しません」という否定の表現には안、「〜できません」という不可能の表現には못を使います。日本語では「〜しない」というように否定の言葉を後ろにつけますが、韓国語は前につけます。まるで英語のnotのように！

> 「韓国語を話せない」って言いたいのに、
> 안なのか못なのかわからない…

안と못、それぞれの作り方　　　　🔊 23-1

どっちかわからなくなったら、否定形は英語のaren't＝안で覚えましょう。

	안 ＋ 用言	못 ＋ 動詞
意味	【否定】〜しない	【不可能】〜できない、〜られない
例	**안 먹어요** 食べません	**못 먹어요** 食べられません

운동하다（運動する）、요리하다（料理する）のような하다のついた動詞の場合、안、못の位置に注意しましょう。하다の前に入ります。

例 운동 안 해요. 運動をしません。

요리 못 해요. 料理ができません。

ただし、깨끗하다（きれいだ）、조용하다（静かだ）のような하다がつく形容詞の場合は、それが丸ごと１つの用言となるので、用言の前に안がきます。

例 안 깨끗해요. きれいではありません。 ✕ 깨끗 안 해요.

안 조용해요. 静かではありません。 ✕ 조용 안 해요.

形容詞に못は使えませんよ～

「苦手です」も못＋動詞で表す

韓国語で「苦手です」と言う場合も、못〜（できない）をよく使います。
「〜ができない」＝「〜が苦手」と意訳するニュアンスですね。たとえば
「英語は苦手です」「パクチーは苦手です」「飛行機は苦手です」と言いたい
場合、それぞれ次のように表現します。

例 영어는 못 해요. 英語はできません（苦手です）。

　　고수는 못 먹어요. パクチーは食べられません（苦手です）。

　　비행기는 못 타요. 飛行機は乗れません（苦手です）。

韓国語の辞書で「苦手だ」を調べると、못하다と出てきます。ですが、苦
手なものによっては、못하다だと不自然になることも多いので、シンプル
に「못＋動詞」で表現してみましょう。

もう1つの否定、不可能表現　　🔊 23-2

지という語を使って言う、否定と不可能の表現もあります。この場合、안
＋用言、못＋動詞よりもかしこまったニュアンスがあり、よりていねいな表
現になります。会話では、まずは안＋用言、못＋動詞を覚えておけば大丈
夫です。

作り方 語幹 ＋ 지 않다 （＝안＋用言）

　　　 語幹 ＋ 지 못하다 （＝못＋動詞）

例 고기는 먹지 않습니다. 肉は食べません。

　　영어를 말하지 못합니다. 英語を話せません。

> どの文法でも
> 長くなると
> かしこまった
> 表現になりがち

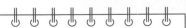

例にならい、次の単語を活用させましょう。

	否定		不可能	
	안+用言	語幹+지 않다	못+動詞	語幹+지 못하다
例 가다 行く	**안 가요**	**가지 않아요**	**못 가요**	**가지 못해요**
먹다 食べる	**❶**	**❷**	**❸**	**❹**
입다 着る	**❺**	**❻**	**❼**	**❽**
배우다 習う	**❾**	**❿**	**⓫**	**⓬**
믿다 信じる	**⓭**	**⓮**	**⓯**	**⓰**
공부하다 勉強する	**⓱**	**⓲**	**⓳**	**⓴**

答え

❶ 안 먹어요　　❷ 먹지 않아요　　❸ 못 먹어요
❹ 먹지 못해요　　❺ 안 입어요　　❻ 입지 않아요
❼ 못 입어요　　❽ 입지 못해요　　❾ 안 배워요
❿ 배우지 않아요　⓫ 못 배워요　　⓬ 배우지 못해요
⓭ 안 믿어요　　⓮ 믿지 않아요　　⓯ 못 믿어요
⓰ 믿지 못해요　　⓱ 공부 안 해요　⓲ 공부하지 않아요
⓳ 공부 못 해요　⓴ 공부하지 못해요

可能を表す -ㄹ/을 수 있어요

「韓国語が話せます」と言いたい！

「韓国語が話せる」「行ける」など、「〜できる」という可能表現には、-ㄹ/을 수 있다があります。

可能表現の作り方

🔊 24-1

語幹 + ㄹ/을 수 있다 (〜することができる)

例 술을 마실 수 있어요. お酒を飲むことができます（飲めます）。
　 피아노를 칠 수 있어요. ピアノを弾くことができます（弾けます）。

解説 「〜することができる」という可能を表す。
| 「弾く」は치다 （打つ）を使います

作り方 動詞の語幹にパッチムがなければ -ㄹ 수 있다、あれば -을 수 있다 をつける。

ちなみに「〜できない」は、있다を없다に変えるだけ。

語幹 + ㄹ/을 수 없다 (〜することができない)

例 고를 수 없어요. 選ぶことができません（選べません）。

| あれ、さっきの못も 「〜できない」の意味だったよね？

| ニュアンス的にはほとんど 違わないから、どちらを 使っても大丈夫！

もう1つの「〜できる」

じつは、「〜できる」には、もう1つ別の表現があるんです。

語幹 + ㄹ/을 줄 알다 (〜する方法がわかる＝できる)

例 운전을 할 줄 알아요. 運転をする方法がわかります。
（運転をすることができます）

술을 마실 줄 알아요. お酒の飲み方がわかります。
（お酒を飲めます）

解説 「〜することができる」という可能表現。ただし、知識や能力に
関することにしか使えない。

作り方 動詞の語幹にパッチムがなければ -ㄹ 줄 알다、
あれば -을 줄 알다 をつける。

> 알다は「わかる」と
> いう意味だから、
> 方法を「知っている」
> って感じだね

「〜することができない」の場合は、알다を모르다に変えるだけ。

語幹 + ㄹ/을 줄 모르다 (〜することができない)

例 한국어로 주문할 줄 몰라요.
注文する方法がわかりません（＝韓国語で注文することができません）。

택배를 부칠 줄 몰라요.
宅配を送る方法がわかりません（＝宅配を送ることができません）。

> 同じ可能、不可能の表現でも
> 少しニュアンスが違うんだね！

2つの表現の違いは?

🔊 24-3

違いがわかりにくいですよね……。たとえば、「これ、作れますか？」という場合、次のような2つのケースが考えられるはず。

Q. これ、作れますか？

A 「作れますよ。
私は作れんけどね 」
（スタッフに任せる）

→「私」に作る能力（スキル）はないが、
作れる状況は整っている。

この場合は、ㄹ/을 수 있다が正解。

⭕ 만들 수 있어요.
❌ 만들 줄 알아요.

A 「作れますよ！ こう見えても
ベテランなんで〜 」

→「私」自身に作る能力（スキル）が
ある状態。

この場合はどっちを使ってもOK。

⭕ 만들 수 있어요.
⭕ 만들 줄 알아요.

つまり、「可能」表現は次のように使い分ける！

語幹 ＋ ㄹ/을 수 있다/없다 → いつでも使える！ オールマイティ！

語幹 ＋ ㄹ/을 줄 알다/모르다 → 「能力（スキル）」に関わる時だけ

どっちを使うかで意味が変わる！　　🔊 24-4

-ㄹ/을 수 있어요、-ㄹ/을 줄 알아요のどっちを使うかによって、意味が変わってくる例も紹介しましょう。どれもネイティブがよく使う表現です。

・行ける

갈 수 있어요. **行けます。** → 行けるような状況（例：時間がある）

갈 줄 알아요. **行けます。** → 行ける能力がある（例：行き方を知っている）

・食べられる

먹을 수 있어요? **食べられますか?**

먹을 줄 알아요? **食べ方（を）知っていますか?**
　　　　　　　　　　→ 食べられる能力（知識）がある

　使い分けがむずかしかったら、とりあえず、オールマイティーな수 있다/없다のほうを使いましょう。

練 習 問 題

次の語を-ㄹ/을 수 있어요、-ㄹ/을 줄 알아요という形にしましょう。

1 쓰다　使う、書く、(味が) 苦い

2 보다　見る

3 읽다　読む

4 만들다　作る

5 입다　着る

答	え

1 쓸 수 있어요、쓸 줄 알아요

2 볼 수 있어요、볼 줄 알아요

3 읽을 수 있어요、읽을 줄 알아요

4 만들 수 있어요、만들 줄 알아요※

※パッチムがあるので만들을 수 있다になるはずだが、例外で만들 수
있다になる (詳しくはP156を参照)。

5 입을 수 있어요、입을 줄 알아요

주세요と해 주세요の違い

「〜ください」は주세요じゃないの?

タクシーの運転手に「梨泰院に行ってください」という場合、みなさんは次のどっちの表現を使いますか?

❶ 이태원에 가세요. **❷** 이태원에 가 주세요.

じつはこの「〜(して)ください」という表現は、日本人学習者のみなさんが混乱しやすいポイント。どちらも文脈によっては「〜(して)ください」と訳しますが、ニュアンスは大きく異なるのです。

「〜してください」をひも解くと… 🔊 25-1

세요と주세요はどちらも「〜してください」と訳せますが、目的が違います。

-(으)세요 →	正確には「お〜になる、〜される」という尊敬表現(126ページ参照)。命令するようなイントネーションだと「〜しなさい、〜してください」となる。
주세요 →	「〜してください」という依頼の表現。주다(与える)に尊敬の세요がついた形。

パッチムがなければ세요、パッチムがあると으세요になります

それぞれの文のニュアンスを比較してみましょう。

Case1 ・タクシーで「梨泰院に行ってください」と言う場合

△ 이태원 가세요.

「梨泰院に（どうぞ）お行きください」となり、一方的な上からの指示のように聞こえます。少し不自然。

○ 이태원 가 주세요.

「梨泰院に向かっていただけますか」とお願いのニュアンスが込められたていねいな表現。タクシーではこっちを使うのが正解！

Case2 ・エレベーターで「先にどうぞ」と言う場合

○ 먼저 내리세요.

「先に（どうぞ）降りてください」というていねいな表現。自分が譲る時はこのように言います。「どうぞ〜してください」と行動を促す場合は –세요 を使う時が多い。

行動を促す表現だから、–세요は「ていねいな命令表現」とも言われています

△ 먼저 내려 주세요.

「先に降りていただけますか？ お願いだから先に降りていただけないでしょうか？」というニュアンスになり、少し不自然。

自分のためにしてほしい時は、주세요を使う感じなのかな…

おっ！ いい気づきだね。もう1個見てみよう！

Case3 ・待ち合わせに遅れて「少し待ってください」と言う場合

△ 조금만 기다리세요.

「少し待ちなさい」というニュアンスがあり、一方的な印象。
遅れている立場から言うには少し失礼かも。

○ 조금만 기다려 주세요.

「少しお待ちいただけますか」とていねいにお願いするニュアンス。お願いする時はこっちを使いましょう。

お願い、依頼では주세요を使う 　🔊 25-2

　つまり、「(私のために) 〜してください」と言う時は、주다（与える）が
必要だということ！　作り方を覚えましょう。

-아/어形＋주세요 （〜してください）

例 연락해 주세요. 連絡してください。
　받아 주세요. 受け取ってください。

解説 「〜してください」という依頼表現。

作り方 -아/어形に주세요をつける。

ちなみに名詞＋주세요で、「○○(名詞)をください」の意味になります。

例 물을 주세요. 水をください。

練 習 問 題

問題1 次の文章を、-세요 (〜してください) の文にしましょう。

❶ 여기에 쓰다 こちらに書く
❷ 먼저 타다 先に乗る
❸ 감기(를) 조심하다 風邪に気をつける

問題2 次の文章を、주세요 (〜してください) の文にしましょう。

❶ 여기 주목하다 ここ (に) 注目する
❷ 조금만 가르치다 ちょっとだけ教える
❸ 사인하다 サインする

答え

問題1 ❶ 여기에 쓰세요.
❷ 먼저 타세요.
❸ 감기 (를) 조심하세요.

問題2 ❶ 여기 주목해 주세요.
❷ 조금만 가르쳐 주세요.
❸ 사인해 주세요.

過去形をマスター

過去に戻れる魔法の呪文！「ッソ」

韓国語の過去表現は씨어（ッソ）。動詞・形容詞の아/어形に씨어をつけると、過去形「〜した、〜だった」になります。

過去形の作り方　　　🔊 26-1

-아/어形 + ^{ッソ}씨어 （〜した、〜だった）

例 만나다 会う　만나 + 씨어 → 만났어 会った

　　찍다 撮る　찍어 + 씨어 → 찍었어 撮った

解説 過去にしたこと、あったことを表す。

作り方 用言の -아/어形 に씨어をつける。

> -아/어形、覚えてますか？
> 語幹末の母音に
> 注目ですよ！

これも씨어のままだと
タメ口だよね？

そうそう！ ていねいに言いたい時は
最後に요をつけてあげてYo！

아/어形 씨어 요
ッソ

・「〜しました、〜でした」は요をつけよう

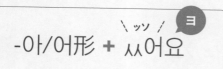

-아/어形 + ㅆ어요 〳ッソ〵 ⧗ヨ⧖

例 먹다 食べる ➡ 먹어 ＋ ㅆ어요 ➡ 먹었어요 食べました
　좋다 良い ➡ 좋아 ＋ ㅆ어요 ➡ 좋았어요 良かったです

ついでに、ハムニダ体の過去形も解説しますね。作り方は次のとおりです。

-아/어形 + ㅆ습니다

例 좋다 良い ➡ 좋아 ＋ ㅆ습니다 ➡ 좋았습니다 良かったです

・「〇〇（名詞）でした」と言いたい時は？

　たとえば「去年まで学生でした」のような、「〇〇（名詞）です（〜예요/
이에요）」の過去形は次のように表します。

名詞 + 였어요 / 이었어요

例 아이였어요 子どもでした
　학생이었어요 学生でした

過去形があるなら、
未来形もあるの？

あるよ。未来の表現は
187ページで紹介するね

次の単語を過去形のヨ体にしてみましょう。

1 마시다 飲む
2 맛있다 おいしい
3 가다 行く
4 많다 多い
5 재미있다 楽しい、おもしろい
6 없다 ない、いない
7 공부하다 勉強する
8 보다 見る

---

1 마셨어요 **2** 맛있었어요 **3** 갔어요 **4** 많았어요
5 재미있었어요 **6** 없었어요 **7** 공부했어요 **8** 봤어요

敬語表現の使い方

デキる大人と思われたい！

韓国旅行中にもっともよく使うのは、注文する時などに使う주세요（〜ください、〜してください）ではないでしょうか。この-세요が、いわゆる尊敬表現。相手にていねいに言いたい時や、目上の人に対してよく使います。

> 안녕하세요! 주세요! のセヨって何？
> 요だけで十分ていねいなんじゃないの？

語幹 + 세요／으세요 （〜されます） 🔊 27-1

例 잘 지내세요? お元気ですか?（よく過ごされていますか?）

요즘 바쁘세요? 最近お忙しいですか?

解説 韓国語の敬語表現。

作り方 用言の語幹末にパッチムがなければ -세요、
あれば -으세요をつける。

세요／으세요は、시다／으시다という尊敬の表現をヨ体にした形です。

例 가다 行く ➡ 가 ＋ 세요 ➡ 가세요 行かれる

입다 着る ➡ 입 ＋ 으세요 ➡ 입으세요 着られる

ハムニダ体の尊敬表現

動詞の語幹にパッチムがなければ -십니다、あれば -으십니다をつけます。

例 **손님이 오십니다.** お客様がいらっしゃいます。
　 선생님이 앉으십니다. 先生がおかけになります。

　ハムニダ体はヨ体よりかしこまった表現だとお伝えしましたよね。尊敬表現でも同じです。強いて２つを訳の違いで表すなら、尊敬語のハムニダ体は「お〜になる」、尊敬語のヨ体は「〜される、〜られる」というニュアンス。

가십니다 お行きになります
가세요 行かれます

ヨ体でも十分ていねいだから
大丈夫！

Jooの One Point Advice よく使う尊敬語のまとめ

最後に、よく使う -세요、-으세요 の表現を紹介します。

- **안녕하세요.** こんにちは（おはようございます、こんばんは）。
  어서오세요. いらっしゃいませ。

- **이거 주세요.** これ、ください。
  맛있게 드세요. おいしく召し上がってください。

- **먼저 말씀하세요.** 先に（どうぞ）おっしゃってください。

- **안녕히 가세요.** さようなら（その場を離れる人に対して）。
  안녕히 계세요. さようなら（その場に残る人に対して）。

- **안녕히 주무세요.** おやすみなさい。

練 習 問 題

問題１　～(으)세요を使って、次の語を敬語にしましょう。

例　지내다 過ごす　→　지내세요 過ごされる

❶ 앉다 座る　　　　　　→　（　　　　　）座ってください
❷ 주다 くれる　　　　　→　（　　　　　）ください
❸ 받다 もらう、受け取る　→　（　　　　　）受け取られる
❹ 하다 する　　　　　　→　（　　　　　）される、なさる
❺ 말다 やめる　　　　　→　（　　　　　）おやめになる

問題２　次の（　）にふさわしい語を入れましょう。

❶ 안녕히 (　　　　). さようなら（その場に残る人に対して）。
❷ 안녕히 (　　　　). おやすみなさい。
❸ 맛있게 (　　　　). おいしくお召し上がりください。
❹ 어서 (　　　　). いらっしゃいませ。
❺ 먼저 (　　　　). 先におっしゃってください。

答え

問題１　❶ 앉으세요　❷ 주세요　❸ 받으세요
　　　　❹ 하세요　❺ 마세요※
※パッチムがあるので말으세요になるはずだが、例外で마세요になる（詳しくはP156を参照）。

問題２　❶ 계세요　❷ 주무세요　❸ 드세요
　　　　❹ 오세요　❺ 말씀하세요

そのほか覚えておきたい 基本の表現

「〜したい」（願望）や「〜してもよい」（許可）など、日常生活でよく使う表現をまとめました。

🔊 matome 2

-고 싶다 （〜したい）

例 이거 먹고 싶어요. これ、食べたいです。

한국에 가고 싶어요. 韓国に行きたいです。

解説 「〜したい」という願望を表す。-고 싶어요で「〜したいです」。

作り方 用言の語幹末に-고 싶다をつける。

-아/어形 + 도 되다 （〜てもよい）

例 지금 가도 돼요. 今、行ってもいいです。 ←承諾

사진 찍어도 돼요? 写真(を)撮ってもいいですか？ ←許可

解説 「〜してもよい」という許可や承諾を表す。

作り方 動詞の-아/어形に-도 되다をつける。

> 되다の代わりに괜찮다、좋다を使うこともあります。意味はほとんど変わりません

語幹 + (으)면 되다 （〜すればよい、〜したら大丈夫だ）

例 여기로 전화하면 돼요. こちらへ電話すればいいです。

비싸도 맛있으면 돼요. 高くてもおいしければいいです。

解説 「〜するとよい、〜すればよい」という表現。

作り方 動詞の語幹末にパッチムがなければ-면 되다、あれば-으면 되다をつける。

> 否定の안をつけましょう！

「〜するとダメだ」は 語幹 + (으)면 안 되다

例 지하철에서 먹으면 안 돼요. 地下鉄で食べたらいけません。

語幹 ＋ 지 말다 (〜しないで)

例 만지지 마세요. 触らないでください。

먹지 마세요. 食べないでください。

解説 「〜しないで」という禁止を表す。세요をつけるとていねいな依頼になる。

作り方 動詞の語幹に-지 말다をつける。

ドラマや動画でよく聞くコレ！

語幹 ＋ 지 마 (〜するな、〜しないで)

울지 마 (泣かないで) 、가지 마 (行かないで) って聞いたことありませんか？　これらは「〜しないでください」のタメ口バージョンです。

語幹 ＋ (으)시오 (〜しなさい)

例 미시오. 押してください。←公共施設のドアなどに書いてある

당기시오. 引っ張ってください。

解説 「〜しなさい」というかしこまった命令の表現。

会話ではあまり使われない表現だけど、公共施設の案内板などでよく見かけます

作り方 動詞の語幹末にパッチムがなければ-시오、あれば-으시오をつける。

ドラマや動画でよく聞くコレ！

語幹 ＋ (으)십시오 (〜してください)

시오のていねいな言い方が、-십시오／으십시오。もっともていねいな命令形なので、空港やデパートなど、公共施設の案内板やアナウンスなどでよく使われます。

例 안전벨트를 매 주십시오. シートベルトをしてください。

즐거운 여행 되십시오. 楽しい旅行になってください（なさってください）。

-아/어形 + 야 되다/하다 (～しなければならない)

例 **집에 빨리 가야 돼요.**
家に早く行かなければなりません。

되다と하다は大きなニュアンスの違いはないので、どちらを使ってもOKです

解説 「～しなければならない」という義務を表す。

作り方 **用言の-아/어形に-야 되다／하다をつける。**

ドラマや動画でよく聞くコレ！

-아/어形 + 야지 (～しなくては)

「～しなければならない」のタメ口バージョン。준비해야지 (準備しなきゃ) といった独り言などでもよく使う表現です。

-아/어形 + 보다 (～てみる)

例 **입어 봐도 돼요?** 着てみて(試着してみて)もいいですか?

解説 「～してみる」という試みや挑戦する時の表現。

作り方 **動詞の-아/어形에 보다をつける。**

-아/어形＋보이다だと「～に (～く、～ように) 見える、～そうだ」。外から見てそのようだと思われる時に使う。

例 **날씬해 보여요.** 細く見えます。

날씬하다は「スリムだ」の意味です

ドラマや動画でよく聞くコレ！

봐 봐 (見てみて)

「ちょっとあれ、見てみて！」などと言う時の表現です。発音は崩して [ババ] と言う時が多いです。

-아/어形 + 두다 (〜しておく)

例 외워 두세요. 覚えておいてください。

자리를 비워 두세요. 席を空けておいてください。

解説 「〜しておく」という表現。

作り方 動詞の-아/어形に두다をつける。

두다の代わりに놓다 (ともに「置く」の意味) を使ってもOK。ニュアンスの違いはありません

ドラマや動画でよく聞くコレ!

놔두다 (置いておく)

実際に物などを「置いておく」は놓다+두다 で놓아두다と言います。会話では縮めて놔두다 (置いておく) と言うことが多いです。

例 이거 저기에 놔 둬. これ、あそこに置いといて。

語幹 + (으)러 (〜しに)

例 가구 보러 백화점에 갔어요. 家具(を)見にデパートに行きました。

점심 먹으러 가자. 昼ご飯食べに行こう。

解説 가다 (行く)、오다 (来る) などの動詞について、「〜しに行く／来る」を表す。

作り方 動詞の語幹末にパッチムがなければ-러、あれば-으러をつける。

먼저 말씀하세요~

なんと 敬語まで お上手♥

← 韓国人

「わかったつもり」を
そろそろ
完璧にしたい！

初級文法の
お悩み解決

第4章では、例外的な活用をする「変則活用」を
練習します。初級でつまずきがちポイントですが、
ストーリーで理解するJoo式の覚え方で
スルッとマスターしちゃいましょう。
また、「おいしい韓国料理」というような、
物事をより詳しく表現する「連体形」も学びます。

ㅂ語幹の変則活用

　語幹末に特定のパッチムがあると、基本のヨ体のルールとは異なる活用をします。これが「変則活用」です。

　本書で取り上げる変則活用は、ㅂ、ㅎ、ㅅ、ㄷ、ㅡ(＿)、ㄹの６つ。ほかに ㄹ変則などがありますが、この６つをヨ体に活用できれば、日常会話はほぼ問題ありません。では、맵다（辛い）、춥다（寒い）など、日常会話でよく使う単語が多い「ㅂ変則活用」からいってみましょう！

> ㅂ語幹は、語幹末がㅂパッチムで終わる単語のことです

ㅂパッチムがある場合は魚を取り出す　🔊 28-1

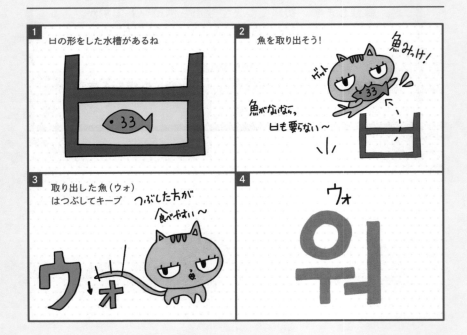

> **ㅂ変則のヨ体の作り方**
> **1** 語幹末からㅂを取り、워をつける　　**2** 요をつける

例 **맵다**
辛い

語幹
맵 （← ㅂを取る）

워、요をつける

맵 + 워요 → **매워요**
辛いです

原形から다を取った部分が語幹ですよ！

例 **고맙다**
ありがたい

語幹
고맙 （← ㅂを取る）

워、요をつける

고맙 + 워요 → **고마워요**
ありがたいです

しくみがわかったから堂々と「辛い！」って言えるよ！

ㅂを取った後の語幹末は、語尾がㅏ、ㅓでも、それ以外でも関係なし！
例外もあるけど、ほぼ워がつくよ

ㅂ変則活用しないケース

🔊 28-2

　形容詞のほとんどがㅂ脱落＋워になりますが、異なる活用をするパターンもあります。

1 ㅂ脱落+와をつけるパターン

　ㅂが脱落し、와をつける単語があります。日常会話で使うのはほぼ돕다（助ける、手伝う）くらいなので、これだけ覚えましょう。

例 **돕다**
助ける、手伝う

語幹　와、요をつける
↓
돕 ← ㅂを取る　+　와요　→　도와요
助けます

도와에주세요がつけば、「助けてください」の意味になる。活用した語の後には주세요がつくなど、요以外の語がつく場合も多いです

도와요はマスト！ → ← わうWOW！マジで！

2 基本の活用をするパターン

語幹末にㅂパッチムがあるのに、基本ルールに従う場合もあります。

連音化して
[자바요]になる

例 **잡다** 잡 + 아요 → 잡아요 ✕ 자워요
取る　　　　　　　　　取ります

連音化して
[이버요]になる

例 **입다** 입 + 어요 → 입어요 ✕ 이워요
着る　　　　　　　　　着ます

　例外といいつつ、基本の活用をするㅂパッチムの単語はわりと多め。でも、勉強しながら少しずつ引き出しを増やせば大丈夫！ まずは、ふだんよく使う잡다、입다を覚えましょう。

練 習 問 題

問題1　次の動詞・形容詞をヨ体に変えてみましょう。

1 춥다 寒い　　　**2** 덥다 暑い　　　**3** 돕다 助ける
4 가볍다 軽い　　**5** 어렵다 むずかしい　**6** 입다 着る
7 굽다 焼く　　　**8** 잡다 取る

問題2　次の日本語を韓国語に変えてみましょう。
　　　　下のヒントを参考にしてくださいね。

1 あの映画は怖いです。　　**2** 本当にありがとうございます。
3 韓国語は簡単です。　　　**4** 肉を焼きます。
5 とても美しいです。

ヒント　あの 저　映画 영화　本当に 진짜　韓国語 한국어　肉 고기
とても 너무　は 는/은　を 를/을

答　え

問題1　**1** 추워요　**2** 더워요　**3** 도와요　**4** 가벼워요
　　　　5 어려워요　**6** 입어요　**7** 구워요　**8** 잡아요

問題2　**1** 저 영화는 무서워요.　**2** 진짜 고마워요.
　　　　3 한국어는 쉬워요.　**4** 고기를 구워요.
　　　　5 너무 아름다워요.

ᇂ語幹の変則活用

▶ **ᇂ変則は気持ちを封(H)印する**

　ᇂ語幹とは、語幹末がᇂパッチムで終わる単語のこと。어때요？（どうですか？）という言葉を聞いたことありませんか？ 何かをおすすめする時や相手の意向をうかがう時に使うこの単語が、じつはᇂ変則で活用しています。저렇다（ああだ）、그렇다（そうだ）、이렇다（こうだ）などもそうです。ほかには、色を表す形容詞に多く見られます。

ᇂ変則はHを封印する

🔊 29-1

1 Hくんへの10年間の片思いを終わらせようと思うんだ。気持ちを封印するために、どうすればいいのかな？

2 封（H）印する方法は線を引くこと！

え？どういうこと？

3 語幹の最後にᇂ（H）パッチムがある場合は"封印"するように線を引こう

그래

ㅎ変則の요体の作り方
1 語幹末から**ㅎ**を取る
2 語幹末の母音に封印するように線を足し、**요**をつける

例 **그렇다** そうだ

語幹
요をつける
↓
그렇 → 그래 + 요 → 그래요
↑   ↑   そうです
ㅎを取る   封印

例 **빨갛다** 赤い

封印ってこう
いうことね！

語幹
요をつける
↓
빨갛 → 빨개 + 요 → 빨개요
↑   ↑   赤いです
ㅎを取る   封印

・横棒が2本の時も同じように活用

例 **하얗다** 白い

얗の ㅑ には横棒が
2本ありますよね。
このような場合です

語幹
요をつける
↓
하얗 → 하얘 + 요 → 하얘요
↑   ↑   白いです
ㅎを取る   封印

基本の活用をするケースもある

🔊)) 29-2

　古語幹の単語にも基本の活用ルールに従うパターンがあります。みなさんよく知っている、좋다 (良い) もそうです。

例 **좋다** 良い

좋 + 아 → 좋아요 ✕ 조애요
　　　　　　良いです

例 **낳다** 生む

낳 + 아 → 낳아요 ✕ 나애요
　　　　　　生みます

例 **놓다** 置く

놓 + 아 → 놓아요 ✕ 노애요
　　　　　　置きます

ㅎパッチムのある
2文字の単語は
基本の活用をする
ことが多いですよ！

140

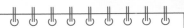

問題 |　次の動詞・形容詞をヨ体に変えてみましょう。

1 저렇다　ああだ

2 그렇다　そうだ

3 이렇다　こうだ

4 어떻다　どうだ

5 하얗다　白い

6 파랗다　青い

7 노랗다　黄色い

8 동그랗다　丸い

9 까맣다　黒い

問題2　次の日本語を韓国語に変えてみましょう。
　　　　下のヒントを参考にしてくださいね。

1 なぜそうなのですか？

2 このドラマどうですか？

3 髪が黒いです。

4 ほっぺが赤いです。

5 顔が丸いです。

ヒント なぜ **왜**　この **이**　ドラマ **드라마**　髪 **머리/머리카락**　ほっぺ **볼**
顔 **얼굴**　が **가/이**

答え

問題 |　**1** 저래요　**2** 그래요　**3** 이래요　**4** 어때요
　　　　5 하얘요　**6** 파래요　**7** 노래요　**8** 동그래요
　　　　9 까매요

問題2　**1** 왜 그래요?　**2** 이 드라마 어때요?
　　　　3 머리가 까매요.　**4** 볼이 빨개요.
　　　　5 얼굴이 동그래요.

人語幹の変則活用

▷ 人変則は捨(人)てる勇気

じつは人パッチムがある形容詞はほとんどが正則活用。変則活用をするのは一部の用言だけです。人変則で活用する単語はわりと少ないので、軽く頭の中に入れておきましょう！

語幹末の人パッチムは捨(人)てよう! 🔊 30-1

人変則の作り方
1 人を捨てる（取る）　2 요体の基本ルールに従う

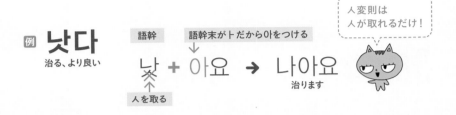

例 **낫다**
治る、より良い

語幹

語幹末がトだから아をつける

낫 + 아요 → 나아요
治ります

人を取る

人変則は
人が取れるだけ！

例 **짓다**
建てる、ご飯を炊く

語幹

語幹末が｜だから어をつける

짓 + 어요 → 지어요
建てます、ご飯を炊きます

人を取る

人変則活用しないケース

🔊 30-2

　語幹末に人パッチムがある動詞は大部分が人変則活用ですが、ごく一部、基本の活用をする語があります。よく使うのは次のとおり！　まずはこれだけ覚えてしまいましょう。

人はそのまま

例 웃다 笑う → 웃 + 어요 → 웃어요 笑います
씻다 洗う → 씻 + 어요 → 씻어요 洗います
벗다 脱ぐ → 벗 + 어요 → 벗어요 脱ぎます

問題 I　次の動詞・形容詞をヨ体に変えてみましょう。

1 낫다 治る、直る、より良い　　**2** 짓다 建てる、炊く

3 붓다 注ぐ　　　　　　　　　**4** 웃다 笑う

5 씻다 洗う　　　　　　　　　**6** 벗다 脱ぐ

問題2　次の日本語を韓国語に変えてみましょう。
　　　　下のヒントを参考にしてくださいね。

1 服を脱ぎます。　　　　　　**2** ご飯を炊きます。

3 水を注ぎます。　　　　　　**4** 建物を建てます。

5 風邪が治ります。

ヒント 服 옷　ご飯 밥　水 물　建物 건물　風邪 감기　を 를/을　が 가/이

答え　　問題 I　**1** 나아요　**2** 지어요　**3** 부어요　**4** 웃어요
　　　　　　　　5 씻어요　**6** 벗어요

　　　　問題2　**1** 옷을 벗어요.　**2** 밥을 지어요.　**3** 물을 부어요.
　　　　　　　　4 건물을 지어요.　**5** 감기가 나아요.

ㄷ語幹の変則活用

ㄷ変則はㄷをㄹに変える勇気

韓国旅行中、道をたずねる時に「そこまで歩いていけますか？」と聞いたりしますよね。この걷다（歩く）がまさにㄷ変則です。

気分を変えて！ リ(ㄹ)フレッシュ！

31-1

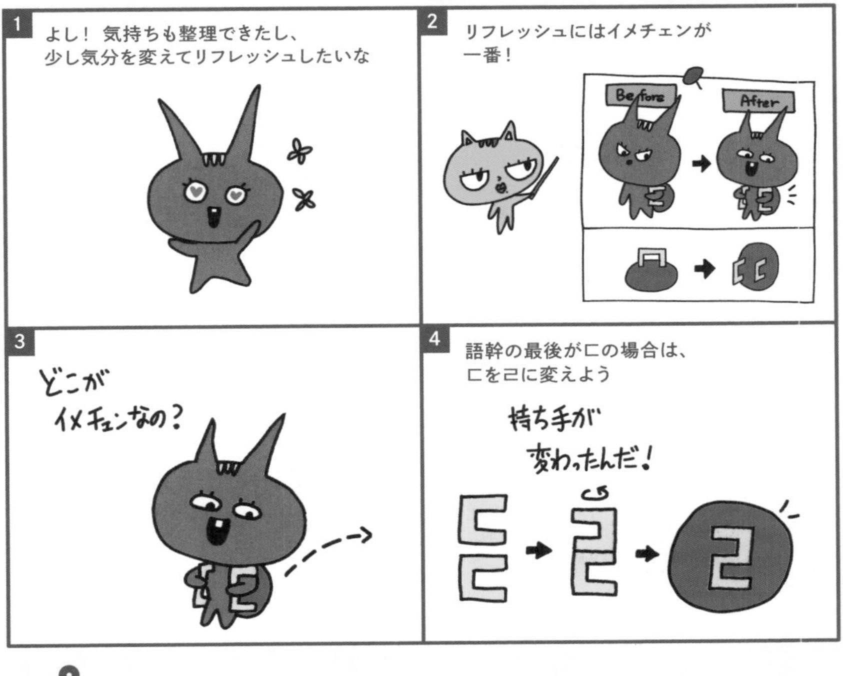
1
よし！ 気持ちも整理できたし、
少し気分を変えてリフレッシュしたいな
2
リフレッシュにはイメチェンが
一番！
Before
After
3
どこが
イメチェンなの？
4
語幹の最後がㄷの場合は、
ㄷをㄹに変えよう
持ち手が
変わったんだ！

ㄷ変則の作り方

1 ㄷをㄹに変える　2 ヨ体の基本ルールに従う

例 **걷다**
歩く

語幹

걷 → 걸 + 어요 → 걸어요
歩きます

ㄷを ㄹに変える

어、요をつける

걷다のほかに듣다（聞く）、묻다（たずねる）も、非常によく使います。「作り方」で覚えるのではなく、この３つは原形とヨ体の形を覚えておき、ほかのㄷ変則する語にあてはめていく方法をおすすめします。

例 **듣다**
聞く

語幹

듣 → 들 + 어요 → 들어요
聞きます

ㄷを ㄹに変える

어、요をつける

例 **묻다**
たずねる

語幹

묻 → 물 + 어요 → 물어요
たずねます

ㄷを ㄹに変える

어、요をつける

ㄷ変則しないケース

🔊 31-2

ㄷ変則のルールに従わず、基本ルールに従う動詞もあります。ㅂ変則のように多くないので、まずはよく使う次の３つを覚えればOK！

ㄷはそのまま

例 받다 もらう ┃ 받 ┃ + 아요 → 받아요 もらいます
믿다 信じる ┃ 믿 ┃ + 어요 → 믿어요 信じます
닫다 閉める ┃ 닫 ┃ + 아요 → 닫아요 閉めます

146

問題 1　次の動詞・形容詞をヨ体に変えてみましょう。

1 걷다　歩く　　　　　　　**2** 듣다　聞く

3 믿다　信じる　　　　　　**4** 받다　もらう

5 묻다　たずねる

問題 2　次の日本語を韓国語に変えてみましょう。
　　　　下のヒントを参考にしてくださいね。

1 毎日歩きます。　　　　　**2** K-POPを聞きます。

3 ニュースを信じます。　　**4** プレゼントをもらいます。

5 友だちにたずねます。

ヒント 毎日 **매일**　K-POP **케이팝**　ニュース **뉴스**　プレゼント **선물**
を **를/을**　（人）に **한테 / 에게**

答　え

問題 1　**1** 걸어요　**2** 들어요
　　　　3 믿어요　**4** 받아요　**5** 물어요

問題 2　**1** 매일 걸어요.　**2** 케이팝을 들어요.
　　　　3 뉴스를 믿어요.　**4** 선물을 받아요.
　　　　5 친구한테/에게 물어요.

으語幹の変則活用

▷ ストライプがやせて見える으変則

　으（ㅡ）語幹は語幹末に으（ㅡ）がある単語のこと。「ペゴパ」という韓国語を聞いたことがありますか？　日本語で「お腹空いた」を意味する배고프다（空腹だ）がズバリ、으（ㅡ）変則です。「お腹から『ぐ으（うぅ）〜』と音がなったら으変則」。このキーワードを思い出して、배고파요（お腹空きました）と言ってみましょう！

やせて見える으変則　　🔊 32-1

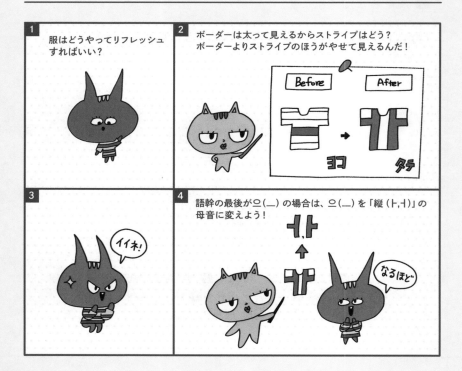

> **으 (ㅡ) 変則の作り方**
> 1. 으 (ㅡ) の直前の母音をチェック
> 2. 母音がㅏ、ㅗなら으 (ㅡ) をㅏに変える。ㅏ、ㅗ以外なら으 (ㅡ) をㅓに変える
> 3. 요をつける

例 **바쁘다**
きれいだ

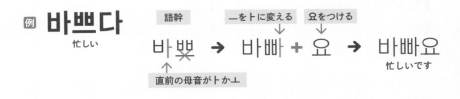

忙しいです

例 **예쁘다**
きれいだ

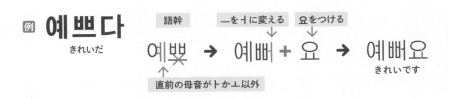

きれいです

特別な으変則 🔊 32-2

単語によっては으 (ㅡ) の前に母音がない場合もあります。こんな時は自分自身を見ましょう！

例 **쓰다**
書く

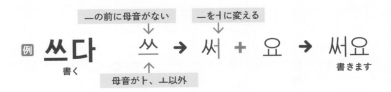

書きます

으 (ㅡ) パッチムの動詞や形容詞は기쁘다 (うれしい)、슬프다 (悲しい)、예쁘다 (きれいだ) など、ㅂ変則と同じぐらいよく使うものばかりです。ㅂ変則と으変則は早めに覚えることをおすすめします。

🔊 32-3

問題 | 次の動詞・形容詞をヨ体に変えてみましょう。

1 기쁘다　うれしい　　　　**2** 슬프다　悲しい

3 예쁘다　きれいだ　　　　**4** 쓰다　書く、(味) が苦い

5 크다　大きい　　　　　　**6** 바쁘다　忙しい

7 나쁘다　悪い　　　　　　**8** 아프다　痛い

問題2 次の日本語を韓国語に変えてみましょう。
　　　下のヒントを参考にしてくださいね。

1 これは大きいです。　　　　**2** ドラマは悲しいです。

3 今お腹空きました (空いています)。

4 薬は苦いです。　　　　　　**5** 性格が悪いです。

ヒント これ **이거**　ドラマ **드라마**　今 **지금**　薬 **약**　性格 **성격**　は **는/은**
が **가/이**

| 答 | え |

問題 |　**1** 기뻐요　**2** 슬퍼요　**3** 예뻐요　**4** 써요　**5** 커요
6 바빠요　**7** 나빠요　**8** 아파요

問題2　**1** 이거는 커요.　**2** 드라마는 슬퍼요.
3 지금 배고파요.　**4** 약은 써요.　**5** 성격이 나빠요.

르語幹の変則活用

르変則はトータルコーディネート

　外国語を話す時にもっともよく使う言葉、모르다（わからない）が、じつは르変則活用をする動詞です。きっとドラマや動画などで、「モルラヨ」と言っているのを聞いたことがあるはず。原形の모르다と活用形の몰라요（わかりません）の変化をサンプルとして覚えて、르変則を完璧に身につけましょう。

르変則はガラッとイメチェン

🔊 33-1

1　よし、決めた！
ガラッとイメチェンしてみる！

2　いいね。르Tシャツから라や러柄の
ワンピースに変えてみるのはどうかな？

3　おしゃれな、己の持ち手の
バッグもどうかな？

4　すてき～♪

┌───┐
📎

르変則の作り方
  1 르の前に己パッチムをつける
  2 르の前の母音が ト、ㅗ なら르を라に、ト、ㅗ以外なら러に変える
  3 요をつける
└───┘

┌──────────────────┐
なんか요(ㅡ)変則と
似てるね!
└──────────────────┘

例 # 모르다 わからない、知らない

語幹　　　　　르を라に変える
　　　　　　　　　↓
몰르　→　몰라 ＋ 요　→　몰라요　わからないです、知らないです
↑　　　　　　　↑
己をつける　　　르の前の母音がㅗ

例 # 부르다 歌う、呼ぶ

語幹　　　　　르を러に変える
　　　　　　　　　↓
불르　→　불러 ＋ 요　→　불러요　歌います、呼びます
↑　　　　　　　↑
己をつける　　　르の前の母音が ト、ㅗ以外

르変則活用しないケース

🔊 33-2

　르語幹だけど、으語幹の変則活用（148ページ）をする単語もあります。よく使うのは次の2つだけなので、覚えておきましょう。

例 따르다 従う　　따ᄅ ＋ ト　→　따라요 従います
　 들르다 立ち寄る　들ᄅ ＋ ㅓ　→　들러요 立ち寄ります

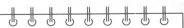

問題1　次の動詞・形容詞をヨ体に変えてみましょう。

1 모르다　わからない、知らない　**2** 다르다　異なる、違う

3 기르다　（髪を）生やす、育てる　**4** 부르다　呼ぶ、歌う

5 배부르다　お腹いっぱいだ　**6** 빠르다　早い

7 자르다　切る　**8** 고르다　選ぶ

9 따르다　従う　**10** 들르다　立ち寄る

問題2　次の日本語を韓国語に変えてみましょう。
　　　　下のヒントを参考にしてくださいね。

1 これ知りませんか？　**2** 髪を切ります。

3 猫を飼います。　**4** カバンを選びます。

5 歌を歌います。

ヒント これ **이거**　髪 **머리/머리카락**　猫 **고양이**　飼う、育てる **기르다**
カバン **가방**　歌 **노래**　を **를/을**

答え

練習1　**1** 몰라요　**2** 달라요　**3** 길러요　**4** 불러요
　　　　5 배불러요　**6** 빨라요　**7** 잘라요　**8** 골라요
　　　　9 따라요　**10** 들러요

練習2　**1** 이거 몰라요?　**2** 머리를 잘라요.
　　　　3 고양이를 길러요.
　　　　4 가방을 골라요.　**5** 노래를 불러요.

変則活用のまとめ

取るパターン

ㅂ変則	ㅎ変則	ㅅ変則
워	그래	捨
❶ ㅂを取る **❷** 워をつける	**❶** ㅎを取る **❷** 封印するように線を引く	**❶** ㅅを取る **❷** 基本ルールで変える
例 맵다 辛い **❶** → 매 **❷** → 매워 → 매워요 辛いです	例 어떻다 どうだ **❶** → 어떠 **❷** → 어때 → 어때요? どうですか?	例 낫다 治る **❶** → 나 **❷** → 나아 → 나아요 治ります

変則をうまく覚える方法2つ

変則活用を一気に覚えて、使いこなすのは至難の業です。できなくても心配しないでくださいね〜。変則を覚えるコツをつかんで、頭をエコに使っていく方法を紹介しましょう。

> 複雑そうに見えるけど、
> パターンがあるんだね

1 原形とヨ体をセットで覚える

たとえば、맵다（辛い）という単語を新たに勉強する場合、맵다（辛い）―매워요（辛いです）のようにセットで覚える習慣をつけます。さらに、声に出して染み込ませること！　単語の変化を口と耳で覚えられるので、「こ

ㄷ変則	으(ㅡ)変則	르変則

変えるパターン

ㄷ変則

持ち手が変わったんだ！

ㄷ→ㄹ→ㄹ

1 ㄷ→ㄹに変える
2 基本ルールで変える

例 걷다　歩く
1 → 걸
2 → 걸어
→ 걸어요　歩きます

으(ㅡ)変則

Before → After
ㅋㄱ → 夕ㄱ

으(ㅡ)の前の母音が
ㅏかㅗ➡ㅏに変える
それ以外➡ㅓに変える

例 배고프다　お腹空いた
→ 배고파
→ 배고파요
お腹空きました

르変則

Before → After

1 르の直前の文字に
ㄹをつける
2 르の前の母音が
ㅏかㅗ➡르を라に、
それ以外➡르を러に
変える

例 모르다　わからない
1 → 몰르 2 → 몰라
→ 몰라요　わかりません

れは変則なのかな？」「この変則のしくみは何だっけ？」といちいち頭で考えるより身につきやすいのです。

2 サンプルを決める

変則ごとに自分がよく使いそうな単語を1つ選び、サンプルとして覚えます。たとえばㅂ変則なら덥다（暑い）、르変則なら모르다（わからない）というように、です。新しい変則の単語が出てきたら、サンプルに照らし合わせて変化させるだけ。これならルールを忘れても安心です。

いずれにしてもすぐに覚えられるものではないので、学びながら定着させるぐらいで大丈夫。あせらず、徐々に引き出しを増やしていきましょう。

ㄹ語幹の変則活用

ㄹ語幹はよく「さぼるの」

　만들다（作る）のように、語幹末がㄹパッチムで終わる動詞や形容詞を「ㄹ語幹」と言います。ㄹ語幹は少し変わっていて、ㅑ体を作る時は基本どおりの活用をしますが、語幹に続く子音によっては、ㄹが脱落することがあるんです（これを「ㄹ脱落」と言います）。たとえば、-세요（〜されます）や-ㅂ/습니다（〜です）などの文を作る場合がそう。文章を作る際には、「ㄹ語幹に続く子音」をチェックすることが大事です。

ㄹはさぼるの、ㅇに従わない

ㄹ語幹はよく「さぼるの」ってどういうこと？

　ㄹ語幹の動詞、形容詞に人、ㅂパッチム、ㄹパッチム、ㄴで始まる語がつく時、ㄹが脱落します。まずは、人、ㅂパッチム、ㄹパッチム、ㄴがつくという形を理解しましょう。この場合、下線部の語も同じ扱いをします。

この頭文字がさぼるの
↓

ㄹ語幹 ＋ 人 (さ) ㅂ (ぼ) ㄹ (る) ㄴ (の)

例 -세요/<u>으세요</u>　お〜になる

例 -ㅂ/<u>습니다</u>　〜です、ます

例 -ㄹ 거예요/<u>을 거예요</u>　〜するつもりです

例 -ㄴ/<u>은</u>　〜した…（連体形）

上は「さぼるの」の一例。ほかにもいくつか文型があります

例 **만들다** 作る

語幹

만<u>듨</u>
↑
ㄹが脱落

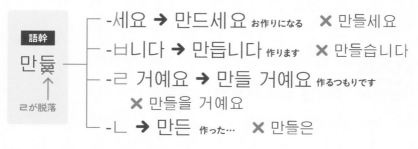

- -세요 ➜ 만드세요 お作りになる　✘ 만들세요
- -ㅂ니다 ➜ 만듭니다 作ります　✘ 만들습니다
- -ㄹ 거예요 ➜ 만들 거예요 作るつもりです
　　✘ 만들을 거예요
- -ㄴ ➜ 만든 作った…　✘ 만들은

ㄹが消える＝「パッチムなし」として扱います。なので、으세요ではなく세요がつきます

人、ㅂ、ㄹ、ㄴがつくとㄹパッチムが消えているのがわかりますよね？

으を無視する

　ㄹ語幹の動詞、形容詞は「パッチムあり」なので、パッチムありの接続をします。ですが、으で始まる語がつく時は、으が無視される、つまり、消えます。こちらも으がつくという形を紹介しますね。

例 –(으)면　〜なら

例 –(으)러　〜しに

例 –(으)려고　〜しようと

だからㄹちゃんは으さんを無視していたのか〜

例 **만들다** 作る

\無視する/

語幹	
만들	– (❌) 면 ➔ 만들면 作るなら ✕ 만들으면
	– (❌) 러 ➔ 만들러 作りに ✕ 만들으러
	– (❌) 려고 ➔ 만들려고 作ろうと ✕ 만들으려고

Jooの
One Point Advice

ㄹ/을ホニャララに注意

　ㄹ語幹の動詞に-ㄹ/을 수 있어요（〜できます）など-ㄹ/을で始まる文型がつく場合、ㄹが取れて、またくっつくので見た目ではㄹ脱落がわかりにくい特徴があります。

만들 + ㄹ 수 있어요 ➔ 만들 수 있어요 作れます

↑　　　↑
ㄹが脱落　またつく

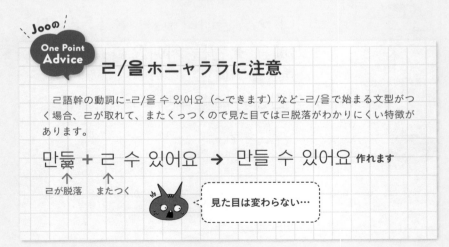

見た目は変わらない…

練 習 問 題

🔊 34-3

例にならい、次の単語を活用してみましょう。

	-ㄹ 거예요/을 거예요 〜するつもりです	-세요/으세요 〜されます	-ㅂ/습니다 〜です・ます	
例 **살다** 住む	살 거예요	사세요	삽니다	
울다 泣く	❶	❷	❸	→
놀다 遊ぶ	❼	❽	❾	→
열다 開ける	⓭	⓮	⓯	→

	-ㄴ/은 〜した (＋名詞)	-면/으면 〜たら	-니까/으니까 〜だから
例 **살다** 住む	산	살면	사니까
→ **울다** 泣く	❹	❺	❻
→ **놀다** 遊ぶ	❿	⓫	⓬
→ **열다** 開ける	⓰	⓱	⓲

答 え

❶ 울 거예요 ❷ 우세요 ❸ 웁니다

❹ 운 ❺ 울면 ❻ 우니까

❼ 놀 거예요 ❽ 노세요 ❾ 놉니다

❿ 논 ⓫ 놀면 ⓬ 노니까

⓭ 열 거예요 ⓮ 여세요 ⓯ 엽니다

⓰ 연 ⓱ 열면 ⓲ 여니까

連体形の基本

▶ 「好きな＋食べ物」の話をしよう

日本語で「好きな食べ物」「学生である私」と言う場合、「好き」を「好きな」に、「学生だ」を「学生である」に変換させていますよね。この「な」「である」にあたるのが連体形です。後ろの名詞を修飾する役目があります。

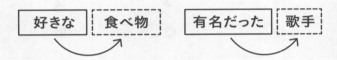

韓国語にも連体形があります。たとえば「好きな食べ物」と言いたい時に、下のように韓国語を並べても通じません。連体形にする必要があるんです。

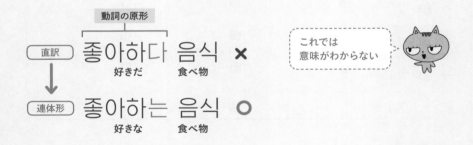

赤字の部分が変わっていますよね。これが連体形です。簡単に、連体形は修飾語と名詞をくっつける「のり」のようなものと考えるといいですね。ただし、この「のり」は日本語と違い、品詞（動詞／形容詞／存在詞／指定詞）と時制（過去／現在／未来）によって使い分けないといけません。その方法をマスターしていきましょう。

動詞の連体形

「昨日食べた＋チキン」ってどう言うの？

　動詞はご存じのとおり、おもに動作や状態を表す単語のこと。먹다（食べ
る）、가다（行く）、사다（買う）のような単語が動詞にあたります。動詞の
連体形を過去、現在、未来と時制ごとにまとめてみましょう。

🔊)) 36-1

動詞の連体形	作り方	例
過去	**語幹 + ㄴ/은** 〜した… 過去に起きたことやしたことを表す。パッチムがなければㄴ、あれば은をつける。	**먹은 치킨** (過去に)食べたチキン
現在	**語幹 + 는** 〜している…、〜する… 現在起きていることやふだん継続的にしていることを表す。パッチムの有無にかかわらず、는をつける。	**먹는 치킨** 食べているチキン
未来	**語幹 + ㄹ/을** 〜する… 未来に起きることやすることを表す。パッチムがなければㄹ、あれば을をつける。	**먹을 치킨** (これから)食べるチキン

過去のことを語幹＋던で表すことも

🔊 36-2

　過去の継続的な習慣を回想する時「～していた」と言いますよね。この場合、同じ過去でも語幹＋ㄴ/은ではなく、語幹＋던をよく使います。「学校帰りによく食べていたチキンが懐かしいわ～」などと思い出話をするような場合によく使います。

例 **먹던 치킨** (昔)食べていたチキン

じつは、ネイティブは먹었던 치킨のように、-아/어形＋ㅆ던で動詞の過去連体形を表す時があります。意味は語幹＋던とほとんど変わりませんが、より完了したニュアンスがあります。

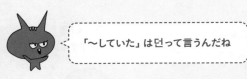

「～していた」は던って言うんだね

練 習 問 題

次の動詞を日本語の意味に合うよう、連体形に変えてみましょう。

問題 1　보다　見る

1 昨日見た映画 ……………………………………… 어제 (　　　　　) 영화

2 最近見る(見ている)映画 ……………………… 요즘 (　　　　　) 영화

3 今度見る(予定の)映画 ………………………… 다음에 (　　　　　) 영화

問題 2　타다　乗る

1 さっき乗ったバス ……………………………… 아까 (　　　　　) 버스

2 よく乗る(乗っている)バス …………………… 자주 (　　　　　) 버스

3 これから乗る予定のバス ……………………… 앞으로 (　　　　　) 버스

問題 3　입다　着る

1 今日着た服 ……………………………………… 오늘 (　　　　　) 옷

2 毎日着る服 ……………………………………… 매일 (　　　　　) 옷

3 明日着る服 ……………………………………… 내일 (　　　　　) 옷

答 え

問題 1　**1** 본　**2** 보는　**3** 볼
問題 2　**1** 탄　**2** 타는　**3** 탈
問題 3　**1** 입은　**2** 입는　**3** 입을

形容詞・指定詞の連体形

「おいしい＋韓国料理」と言うために

　形容詞はおもに性質や状態を表す品詞で、日本語で「かわいい」「寒い」など「い」で終わる単語にあたります。日本語だと「きれいだ」「大変だ」など「〜だ」で終わる単語は形容動詞に分類されますが、韓国語では形容動詞も「形容詞」として扱います。形容詞の連体形を過去、現在、未来でまとめてみましょう。

🔊 37-1

形容詞の連体形	作り方	例
過去	**語幹 ＋ 던** 〜だった… 過去の性質や状態を表す。パッチムの有無にかかわらず던をつける。	**깨끗하던 방** きれいだった部屋
現在	**語幹 ＋ ㄴ/은** 〜な…、〜の（である） 現在の性質や状態を表す。パッチムがなければㄴ、あれば은をつける。	**깨끗한 방** きれいな部屋
未来	**語幹 ＋ ㄹ/을** 〜な…、〜の（である） 未来の性質や状態を表す。パッチムがなければㄹ、あれば을をつける。	**깨끗할 방** きれいになる部屋

이다／아니다는 形容詞と同じ活用

「私は会社員だ」という場合の「〜だ、〜である」にあたるのが이다（〜だ）、その否定形が아니다（〜でない）です。じつは、これらは動詞でも形容詞でもなく、「指定詞」という韓国語ならではの品詞なんです。

이다 ～だ／아니다 ～でない

무료이다（無料だ）のように、名詞＋指定詞で使うことが多く、이다／아니다の部分を活用して連体形にします。形容詞と同じ変化をするので、セットで覚えておくのがおすすめです。

パッチムなし　　省略してOK
↓　　　　↓

例　過去　무료 (이) 던 치킨 （過去に）無料だったチキン

現在　무료인 치킨 無料であるチキン

未来　무료일 치킨 （これから）無料になるチキン

 過去連体形の場合、指定詞の前に着く名詞にパッチムがない場合は、이を省略することもあります

存在詞の連体形に注意！

있다（ある）、없다（ない）も韓国語ならではの品詞です。「いる、ある／いない、ない」を意味するので「存在詞」といいます。맛있다（おいしい）／맛없다（まずい）、재미있다（楽しい）／재미없다（つまらない）は意味的には形容詞なのですが、있다、없다がついていますよね。このように存在詞がつく場合は、形容詞ではなく、存在詞と同じ活用をするので注意しましょう。

存在詞の連体形	作り方	例
過去	語幹 ＋ 던 〜だった… 過去の存在を表す。パッチムの有無にかかわらず、던をつける。	재미있던 드라마 おもしろかったドラマ
現在	語幹 ＋ 는 〜だ…、〜である… 現在の存在や継続していることを表す。パッチムの有無にかかわらず、는をつける	재미있는 드라마 おもしろいドラマ
未来	語幹 ＋ 을 〜ある… 未来の存在を表す。パッチムの有無にかかわらず、을をつける。	재미있을 드라마 （これから）おもしろい （おもしろくなる）ドラマ

　未来連体形は「未来連体形＋名詞」より、-ㄹ/을 거예요（〜するつもりです。187ページ）のように文型の中でよく使われます。文法を覚える時に連体形も意識しながら、一緒に覚えていきましょう。

練 習 問 題

次の形容詞、指定詞を日本語の意味に合うよう、連体形に変えてみましょう。

問題 I　바쁘다 忙しい

❶ 昨日は忙しい一日でした。…… 어제는 (　　　　　) 하루였어요.

❷ 最近、忙しい日々を過ごしています。

　　　　…………………………… 요즘, (　　　　) 매일을 보내고 있어요.

❸ 明日は忙しい予定ですか？……… 내일은 (　　　　) 예정이에요?

問題 2　있다 있る／**아니다** 〜でない

❶ 昔人気があったメニューです。…· 옛날에 인기가 (　) 메뉴예요.

❷ 関係者ではない人は入れません。

　　　　………………………… 관계자가 (　) 분은 들어올 수 없습니다.

問題 3　재미있다 おもしろい

❶ おもしろかった漫画はありますか？…(　　　　) 만화는 있어요?

❷ 一番おもしろい漫画はこれです。

　　　　……………………………………… 제일 (　　　　) 만화는 이거예요.

❸ たぶん、おもしろいと思います。……… 아마, (　　　　) 거예요.

答　え

　問題 I　❶ 바쁘던　❷ 바쁜　❸ 바쁠
　問題 2　❶ 있던　❷ 아닌
　問題 3　❶ 재미있던　❷ 재미있는　❸ 재미있을

連体形の活用まとめ

これまで解説した連体形の活用をまとめると、次のようになります。

	動詞	存在詞 (있다、없다)	形容詞・指定詞 (이다、아니다)
過去	語幹 ＋ ㄴ/은	語幹 ＋ 던	
現在	語幹 ＋ 는		語幹 ＋ ㄴ/은
未来	未来は全部 ㄹ/을　語幹 ＋ ㄹ/을		

連体形の活用をイメージで覚える

色の分布を１枚の写真で表してみると…こんな感じかな。イメージで覚えるのが得意な人にはいいかも。

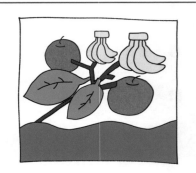

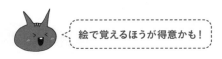
絵で覚えるほうが得意かも！

パッチムによって変わる連体形

語幹の最後にパッチムの己、ㄷ、ㅂ、人がある場合は、連体形の活用ルールが少し変わります。これは先に解説した変則活用のルールと似ている部分が多いので、リンクさせて覚えておくといいですよ。

パッチム	例	ㄴ/은 (連体形)	ㄹ/을 (未来連体形)
己	놀다 遊ぶ	논 (노+ㄴ)	놀 (노+ㄹ)
ㄷ	걷다 歩く	걸은 (걷→걸)	걸을 (걷→걸)
ㅂ	맵다 辛い	매운 (맵→매운)	매울 (맵→매울)
人	낫다 治る	나은 (낫→나)	나을 (낫→나)

己 → 己語幹は「さぼるの」。己語幹の後にㄴ、ㄹが続くので己が消える＝パッチムなしの扱いになり、また己がつく。
놀은、놀을は間違い。

ㄷ → ㄷ変則と同じようにㄷを己に変える。걷은、걷을は間違い。

ㅂ → ㅂを取って、운、울に変える。맵은、맵을は間違い。

人 → 人変則と同じように、人を取る。낫은、낫을は間違い。

ここまで勉強したら、初級で重要な①語幹、②-아/어形、③連体形はもうバッチリです。本当によくがんばりました～！

ネイティブがよく使うあいづち

日常会話でよく使うあいづちを紹介します。赤字はタメ口表現です。

진짜요? 本当ですか？
＝정말이요? (정말요?)
진짜? 本当？
＝정말?

대박이네요 すごい (やばい) ですね
대박 すごい(やばい)

좋겠어요 いいですね
좋겠다 いいな

맛있겠네요 おいしそうですね
맛있겠다 おいしそう

재미있겠네요 楽しそうですね
재미있겠다 楽しそう

당연하죠 もちろんです
＝물론이죠
당연하지 もちろん
＝물론이지

어떡하죠? どうしましょう？
어떡하지? (＝어쩌지?)
どうしよう？

그래요? そうですか？
그래? そう？

그러네요 そうですね
그러네 そうね

그렇군요 そうなんですね
그렇구나 そうなんだ

그러네요、그렇군요については、198ページもチェックしてくださいね

그러니까요 そうなんですよ
그러니까 (내말이) そうなんだよ

「そうなんだよ！」と強く同意する時によく使います

그러게요 本当 (そう) ですね
그러게 ね (そうだね／それな)

맞아요 そうです
맞아 そう／そうだよね

「その通りです」「合っています」という意味です

第 **5** 章

よく使う
重要表現

　最終章では、日常会話でよく使うさまざまな
表現を紹介します。じつは意味や形が似ている文型も
多いので、一度に覚えるのがおすすめ。そのほうが、
違いを理解しやすく、記憶が定着しやすいからです。
「とても」「すぐに」などといった
副詞のニュアンスについても学びましょう。

使い分けについて
もっと知りたいな！

「〜して、〜くて」の表現

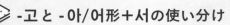

-고と-아/어形＋서の使い分け

「買い物をして、コーヒーを飲む」などのように、「〜して」を意味する表現には2種類あります。①-고と②-아/어形＋서です。　🔊 38-1

❶ 쇼핑하고 커피를 마셔요. 買い物をして、コーヒーを飲みます。

❷ 백화점에 가서 쇼핑을 해요. デパートに行って、買い物をします。

それぞれの意味と作り方　🔊 38-2

❶ 語幹 ＋ 고 （〜して、〜くて）

例 화장품을 사고 영화를 봤어요.

化粧品を買って、映画を見ました。

밥을 먹고 공부를 했어요.

ご飯を食べて、勉強をしました。

이건 비싸고, 저건 싸요.

これは高くて、あれは安いです。

> 名詞の場合、
> 어머니는 주부고,
> 아버지는 회사원이에요
> （母は主婦で、父は会社員です）などと言えたりします

解説 「〜して、〜くて」という表現。2つ以上のものを羅列したり、順番を表す時に使う。

作り方 用言の語幹に-고をつける。

名詞の場合 名詞 + (이)고

> パッチムがなければ고、あれば이고になります

❷ -아/어 形 + 서 （〜して、〜なので）

> さっきの例文とよく似ていて違いがよくわからない…

例 햄버거를 사서 먹었어요.

ハンバーガーを買って食べました。

머리가 아파서 병원에 갔어요.

頭が痛くて病院に行きました。

解説 「〜して」と２つの行為や状況をつなぐ。前後の文章に関係性があり、「〜して、〜なので」と理由や根拠を表す。

作り方 用言の-아/어形に서をつける。

名詞の場合 名詞 + (이) 라서

> どっちも「〜して」だから、使い分けに迷うよ〜

使い分けのポイント　　🔊 38-3

　そう、この使い分けが迷いやすいんですよね。この場合、「前後の文に関係性があるかどうか」で使い分けるのがポイントです。

・前後の文章に「関係性」がある、とはこういうこと

-고	-아 / 어形＋서
前後の文に関係性がない	前後の文に関係性がある

백화점에 가고 쇼핑을 했어요.
デパートに行って、買い物をしました。

ニュアンス

デパートに行った。(そして)買い物もした。 → デパートに行ったが、そこで買い物をしたかどうかはわからない(スーパーで買った可能性もあり)。前後の行為の関係性がなくただ出来事を羅列して話している。

백화점에 가서 쇼핑을 했어요.
デパートに行って買い物をしました。

ニュアンス

デパートに行き、(そこで)買い物をした。 → 前後の文章に関係性があるので、서が適切。

친구는 예쁘고 착해요.
友だちはきれいでやさしい。

→ 友だちの特徴を羅列しているだけなので、-고が適切。

친구는 예뻐서 착해요.
友だちはきれいでやさしい。

→ 一般的に「きれい」と「やさしい」の間に関係性はないので、서は不自然。

練　習　問　題　　　🔊 38-4

問題 l　例のように、-고を使って2つの語句をつなぎ、ヨ体にしましょう。

例　예쁘다 きれいだ／인기가 있다 人気がある
　　→예쁘고 인기가 있어요. きれいで人気があります。

❶ 멋있다 かっこいい／착하다 やさしい
❷ 싸다 安い／맛있다 おいしい
❸ 쉽다 やさしい／재미있다 楽しい

問題2　例のように、-아/어形＋서を使って2つの語句をつなぎ、
ヨ体にしましょう

例　만나다 会う／반갑다 うれしい
　　→만나서 반가워요. 会えてうれしいです。

❶ 홍대에 가다 ホンデに行く／쇼핑을 하다 買い物をする
❷ 날씨가 좋다 天気が良い／빨래를 하다 洗濯をする
❸ 김밥을 사다 キンパを買う／먹다 食べる

答　え　　問題 l　❶ 멋있고 착해요.
　　　　　　　　　❷ 싸고 맛있어요.
　　　　　　　　　❸ 쉽고 재미있어요.

　　　　　　問題2　❶ 홍대에 가서 쇼핑을 해요.
　　　　　　　　　❷ 날씨가 좋아서 빨래를 해요.
　　　　　　　　　❸ 김밥을 사서 먹어요.

「〜しています」の表現

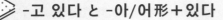

-고 있다 と -아/어形＋있다

「韓国語を勉強しています」のような、「〜しています」を意味する表現も
2種類あります。それは、①-고 있다、②-아/어形＋있다の2つ。どちらも
いわゆる現在進行形のような言い方ですが、特に間違えやすい表現なので、
違いをしっかりチェックしておきましょう。

それぞれの意味と作り方　　　🔊 39-1

---

❶ 語幹 ＋ 고 있다 (〜している)

例 한국어를 공부하고 있어요.
　　韓国語を勉強しています。

　　음료수를 마시고 있어요.
　　ドリンクを飲んでいます。

解説 「〜している」という現在進行形の表現。ある「動作」が進行
　　　している時に使う。

作り方 用言の語幹に-고 있다をつける。

고は「〜して」、있다は「いる」の意味だから、
そのままなんですよね

❷ -아/어 形 + 있다 (〜している)

例 의자에 앉아 있어요.

椅子に座っています。

침대에 누워 있어요.

ベッドに横になっています。

解説 「〜している」という動作が終わった後のある「状態」が継続
している時に使う。

作り方 用言の-아/어形に있다をつける。

「〜していない」はどう言えばいいの?

있다の反対の意味は없다だから하고 없다……、とはなりません。否定の
表現、안〜を覚えていますか? 「していない」は안 하고 있다。안は用言
(この場合は하다) の前にくるので、注意してくださいね。

例 안 먹고 있어요.

食べていません。

공부 안 하고 있어요.

勉強していません。

> どっちも「〜している」なら
> 全部-고 있다じゃダメなの?

> それがダメなんだよね…。使い分けに
> ついては次のページで解説するね

使い分けのポイント 　　　　🔊 39-2

　①-고 있다と②-아/어形＋있다の使い分けには、次のような３つのポイントがあります。これだけは、覚えておきましょう！

1 「動いているかどうか」が重要

語幹 ＋ 고 있다	-아/어形 ＋ 있다
例 **한국에 가고 있어요.** 韓国に行っています。 ←向かっている最中 →「動いている」イメージの時が多い。	例 **한국에 가 있어요.** 韓国に行っています。 ←すでに着いている状態 →「止まっている」イメージの時が多い。 すでに「〜している」状態。

ほかにも…… 例 **버스가 오고 있어요.** バスが来ています。 ←来ている最中	ほかにも…… 例 **버스가 와 있어요.** バスが来ています。 ←すでに来て待っている状態

例 꽃잎이 떨어지고 있어요.
花びらが落ちています。←落ちている最中

例 꽃잎이 떨어져 있어요.
花びらが落ちています。←すでに落ちている状態

2 「～を」がくる時は-고 있다を使おう

助詞の를（を）がある時は、何らかの動作をしていることが多いので、-고 있다を使うことが多いです。

例 콜라를 마시고 있어요. コーラを飲んでいます。

한국어를 연습하고 있어요. 韓国語を練習しています。

티셔츠를 입고 있어요. Tシャツを着ています。

3 決まり文句はそのまま覚える

살다（住む、生きる）と들다（持つ、入る）の場合は、次のようにほぼ決まった言い方をします。ともによく使うフレーズです。

・-고 있다を使う

살고 있어요. 住んでいます。　들고 있어요. 持っています。

・-아/어形＋있다を使う

살아 있어요. 生きています。　들어 있어요. 入っています。

※「箱の中にお菓子が入っています」など、
　物が何かに入っている場合に使う

「〜している」のに過去形を使うケース

「〜している」を①-고 있다や②어/아形＋있다を使って訳すと不自然になってしまう「〜している」の表現も紹介します。つい使いがちなので注意しましょう！

・結婚している **결혼했다** ← 過去形を使う

原形は결혼하다（結婚する）。「結婚している」を直訳し、결혼하고 있다と進行形にすると、「結婚式を行っている最中」という意味になり不自然です。

「結婚している」＝過去に結婚式、入籍をすでに行った意味になるから、過去形になるんだ

過去形を使っても
バツイチにはならないんだね

・似ている **닮았다** ← 過去形を使う

原形は닮다（似る）。こちらも「似ている」を닮고 있다と進行形にすると不自然。すでに似ている状態を見て発言しているので、過去形を使います。닮고 있다と言うと、韓国人は「似ていく」のような意味でとらえます。

日本語では「〜ている」と言うのに、韓国語では過去形で表現するケースはほかにもありますが、まずはよく使うこの２つを押さえておきましょう！あとはその都度覚えて徐々に引き出しを増やしていけば大丈夫です。

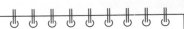

例にならい、次の単語を活用してみましょう。

	語幹＋고 있다	-아/어形＋있다
例 **켜다** 点ける	켜고 있다	켜 있다
열리다 開く、開けられる	❶	❷
쓰다 書く、使う、(味が)苦い	❸	❹
앉다 座る	❺	❻
서다 立つ	❼	❽

答 え
❶ 열리고 있다　❷ 열려 있다
❸ 쓰고 있다　❹ 써 있다
❺ 앉고 있다　❻ 앉아 있다
❼ 서고 있다　❽ 서 있다

理由を表す「〜だから、ので」

-아/어形＋-서、-(으)니까、-기 때문에

　理由を表す表現には、①-아／어形＋서、②-(으)니까、③-기 때문에の3種類があります。どれも「〜なので、〜だから」という意味があるのですが、それぞれ少しずつニュアンスが違うんですよね。じつは初級学習者にとって、この使い分けはもっとも迷いがちなポイントなんです。

それぞれの意味と作り方　　　🔊 40-1

❶ -아/어 形 + 서 (〜〈な〉ので)

例 많이 먹어서 배불러요.
たくさん食べてお腹いっぱいです。

늦어서 미안합니다.
遅れてすみません。

解説　「〜なので」という表現。「一般的」な理由や原因を言う時によく使う。

作り方　用言の-아/어形に서をつける。

これ、前にもやったやつ！
-아/어形＋서には理由を表す意味もあるんだね

そうなんだ。たくさん食べてお腹がいっぱいになったり、遅れて申し訳ない気持ちになるなど、誰が考えても自然な理由の場合は서を使うよ

❷ 語幹 + (으)니까 (〜だから)

例 비가 오니까 막걸리 마시고 싶어요.
雨が降っているからマッコリ飲みたいです。

이 드라마, 재미있으니까 꼭 보세요!
このドラマ、おもしろいからぜひ見てください!

解説 「〜だから」という表現。「主観的」な理由や原因を言う時によく使う。使いすぎると自己主張を押しつけるニュアンスになる。

作り方 用言の語幹にパッチムがなければ-니까、あれば-으니까をつける。

韓国の人は雨の日によくマッコリと一緒にチヂミを食べるんだ

へ〜、知らなかった

---

❸ 語幹 + 기 때문에 (〜するため、〜ということで)

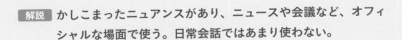

例 이러한 사례가 많기 때문에 각별한 주의가 필요합니다.
このような事例が多いため、細心の注意が必要でございます。

解説 かしこまったニュアンスがあり、ニュースや会議など、オフィシャルな場面で使う。日常会話ではあまり使わない。

作り方 用言の語幹に-기 때문에をつける。

때문에だけだと「〜のせいで」という意味になるから、기を忘れないで

🔊)) 40-2

日常会話では-아/어形＋서や-(으)니까が、ニュースや会議などのオフィシャルな場では-기 때문에がよく使われます。その上で、下の表のように使い分けましょう。

	-아/어形＋서	語幹＋(으)니까	語幹＋기 때문에
理由の種類	一般的	主観的	客観的
ニュアンス	「〜なので」に近い	「〜だから」に近い	「〜ということで」に近い
過去形	**Point** ✕	○	○
勧誘・命令・依頼	✕	**Point** ○	✕

たとえば…

例 비 오니까 우산 들고 가세요.

雨が降っているから、傘持って行ってください。←軽い命令

뜨거우니까 천천히 드세요.

熱いからゆっくり召し上がってください。←軽い命令

내일 쉬니까 놀러 갈까요?

明日休むから遊びに行きませんか？←勧誘

ポイントは後ろに勧誘、命令、依頼を意味する文が来る時は、니까しか使えないということ。そして、서の前にある用言は過去形にできません。たとえば、「仕事が忙しかったので、時間がありませんでした」という過去の出来事は、次のように表します。

過去の話は、서の後ろにある文章だけ過去形になるんだね

例 일이 바빴어서 시간이 없었어요. ✗

現在形 　　　　　　　過去形

일이 바빠서 시간이 없었어요. ○

過去形　　　　　　　過去形

Jooの
One Point Advice

때문에のもう1つの意味

名詞＋때문에だと「〜のせいで、〜のために」を意味します。基本的にはネガティブな意味で使われることが多いです。

例 너 때문에 많이 울었어.

あなたのせいでたくさん泣いた。

시험 때문에 공부하고 있어요.

試験のために（試験があるので）勉強しています。

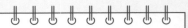

■)) 40-3

例にならい、次の単語を活用してみましょう。

	-아/어形+서	語幹+(으)니까	語幹+기 때문에
例 **사랑하다** 愛する	사랑해서	사랑하니까	사랑하기 때문에
배고프다 お腹空いた	❶	❷	❸
심심하다 退屈だ	❹	❺	❻
살다 住む	❼	❽	❾
배우다 習う	❿	⓫	⓬

答 え

❶ 배고파서　　❷ 배고프니까　　❸ 배고프기 때문에
❹ 심심해서　　❺ 심심하니까　　❻ 심심하기 때문에
❼ 살아서　　　❽ 사니까　　　　❾ 살기 때문에
❿ 배워서　　　⓫ 배우니까　　　⓬ 배우기 때문에

意志を表す「〜します」

-ㄹ/을 거예요 と -ㄹ/을래요 の使い分け

「ダイエットします」と「ダイエットしようと思っています」とでは、やる気が全然違うと思いませんか？ 韓国語にも意志を表す表現がいくつかあって、どれを使うかによってニュアンスが変わるんです。代表的な２つを紹介します。

それぞれの意味と作り方　🔊 41-1

---

① 語幹 + ㄹ/을 거예요 (〜するつもりです)

例 **한국에 갈 거예요.**

韓国に行くつもりです。

운동할 거예요.

運動するつもりです。

ドラマなどでよく耳にする「〜コヤ」は-거예요のタメ口、-거야のことです

解説 「〜するつもりです」と話し手の意志を表す。

作り方 用言の語幹にパッチムがなければ -ㄹ 거예요、あれば -을 거예요をつける。

-ㄹ/을 거예요には推測（〜すると思います、〜でしょう）の意味もあります。210ページで詳しく解説します

❷ 語幹 + ㄹ/을래요 （〜します）

例 한국에 갈래요.

韓国に行きます。

운동할래요.

運動します。

疑問形 (語幹＋ㄹ/을래요?) にすると「〜しますか？ 〜しましょうか？」と相手の意向をたずねたり、提案する表現になります (193ページ)

解説 「〜します」と話し手の意志を表す。親しい間柄でよく使う。

作り方 用言の語幹にパッチムがなければ-ㄹ래요、あれば-을래요をつける。

 -ㄹ/을 거예요と-ㄹ/을래요のニュアンスの違いはなんだ？

 -ㄹ/을 거예요はwillのニュアンス、-ㄹ/을래요はwantに近いと思えばいいよ

 Jooの
One Point Advice

かしこまった場の意志表現

ビジネスシーンなど、フォーマルな場での意志表現は、語幹＋겠습니다／겠어요 (〜するつもりです) を用います。どちらかといえば、-겠습니다の形でよく使われるかもしれません。

例 **결혼하겠어요.** 結婚します。

ふだんの会話ではあまり使いませんが、ニュースなどでよく耳にしますよ〜。

-겠がつくと意志表現になるんです

使い分けのポイント

どちらも話し手の意志を表しますが、ニュアンスが違います。カフェで友だちと注文するメニューについて話しているシーン、たとえば「カフェラテ（を）飲みます」と伝える場合で考えてみましょう。下の①と②はどちらも正しい表現ですが、どんな違いがあると思いますか？

Q. (메뉴) 정했어요? (メニュー) 決まりましたか？

1 카페라떼 마실 거예요.
カフェラテ（を）飲むつもりです。

語幹 + 을 거예요.
→ もう決まっている！

「カフェラテ（を）飲むつもり」＝カフェラテを飲むと「前から決めていた」ニュアンスがあり、決意の度合いが強い。予定・計画済みであることを表す。

2 카페라떼 마실래요.
カフェラテ（を）飲みます（!）

語幹 + ㄹ/을래요.
→ 何がなんでもする！

-래요は「〜します！！！」＝何がなんでもそうする、というニュアンスがある。よって、使い過ぎると少しわがままに聞こえることもあるので使いすぎに注意！

ほかにも카페라떼요（カフェラテです）、카페라떼로 할게요（カフェラテにします）といった言い方もできますよ

-ㄹ/을 거예요と似ている-ㄹ/을게요 🔊 41-3

　語幹＋ㄹ/을 거예요と見た目が似ている表現に、語幹＋ㄹ/을게요があります。しかも、どちらも「～します」という意味。使う時に迷いやすいので、次のポイントを意識しておきましょう。

---

1 「～するつもりです」の場合 → 語幹＋ㄹ/을 거예요

2 「～しますね」の場合 → 語幹＋ㄹ/을게요

語幹 ＋ ㄹ / 을게요 (～しますね)

例 먼저 갈게요. 先に帰りますね。

　제가 낼게요. 私が出しますね（おごりますね）。

解説　「～しますね」という日本語訳から意志表現だと勘違いしやすいが、「明日電話しますね」など、相手に対して宣言や約束をするような時に使う。まさに「～するね」のニュアンス。

作り方　動詞の語幹にパッチムがなければ-ㄹ게요、あれば-을게요をつける。

 ㄹ/을がつくのは同じなんだね！

 -게요の発音が-거예요や-겠어요と似てるから、間違えやすいんだよね

例にならい、次の単語を活用してみましょう。

	語幹＋ㄹ/을 거예요	語幹＋ㄹ/을래요.	語幹＋ㄹ/을게요.
例 **가다** 行く	**갈 거예요**	**갈래요**	**갈게요**
유학하다 留学する	❶	❷	❸
기다리다 待つ	❹	❺	❻
사다 買う	❼	❽	❾
지키다 守る	❿	⓫	⓬

答え

❶ 유학할 거예요　❷ 유학할래요　❸ 유학할게요
❹ 기다릴 거예요　❺ 기다릴래요　❻ 기다릴게요
❼ 살 거예요　❽ 살래요　❾ 살게요
❿ 지킬 거예요　⓫ 지킬래요　⓬ 지킬게요

勧誘を表す「〜しましょうか」

-ㄹ/을까요 と -ㄹ/을래요 の使い分け

　みなさんは相手を誘う時、どんな表現を使いますか？ 積極的に「〜しましょう！」と言う人もいれば、まずは「〜しましょうか？」と相手の意向をうかがう人もいるはず。韓国語にもさまざまな勧誘表現がありますが、ここでは①語幹＋ㄹ/을까요？ と②語幹＋ㄹ/을래요？の２つを紹介しましょう。

それぞれの意味と作り方　🔊 42-1

　大きな違いは、①-ㄹ/을까요？ には積極的に誘うニュアンスがあり、②-ㄹ/을래요？にはより相手の意見をうかがうニュアンスがあることです。

---

❶ 語幹 ＋ ㄹ/을까요? （〜〈し〉ましょうか?）

例 같이 밥 먹을까요? 一緒にご飯食べましょうか?
　　조금 쉴까요? 少し休みましょうか?

解説 「〜しましょうか?」と相手の意見をたずねたり、誘う時の表現。

作り方 動詞の語幹にパッチムがなければ-ㄹ까요?、あれば-을까요?をつける。

「一緒にいきませんか?」のように、「〜しませんか?」と否定文で誘う時には、-ㄹ/을까요?は使えず、-ㄹ/을래요?しか使えません

❷ 語幹 ＋ ㄹ/을래요? ((〈一緒〉に〜〈し〉ますか？≒〜〈し〉ましょうか？)

例 같이 안 갈래요? ─一緒にご飯に行きませんか？（いかがですか？）

≒ 같이 갈까요? ─一緒に行きましょうか？

解説 「〜しますか？」と相手の意向を聞く時の表現。ただし、같이（一緒に）がつくと「一緒に〜しますか？≒〜しましょうか？」と訳され、語幹＋ㄹ/을까요？とほぼ同じように使える。

作り方 動詞の語幹にパッチムがなければ-ㄹ래요、あれば-을래요をつける。

友だち同士で使いたいカジュアルな誘い方 🔊 42-2

　動詞の語幹＋자で、「〜しよう」を意味します。ただしこれはタメ口表現。年上の人には使わないで！

例 같이 밥 먹자.
　　　一緒にご飯食べよう。

　また-아/어形＋요（〜します）という平叙文も、語尾を少し伸ばしながら発音すると勧誘表現として使えます。

例 같이 밥 먹어요.
　　　一緒にご飯食べましょうよ。

勧誘以外の-ㄹ/을까요と-ㄹ/을래요 🔊 42-3

-ㄹ/을까요と-ㄹ/을래요には、それぞれもう１つ別の意味があります。-ㄹ/을까요は「〜ですかね？」という推測、-ㄹ/을래요 は「〜します」という意志（188ページ参照）の表現としても使えるんです。

> え〜！ どう見分ければいいのさ？

-ㄹ/을까요を見分けるポイントは主語。主語が二人称、三人称の場合は推測の意味になります。自分を主語にすると、推測の意味では使えません。

例 내일 날씨가 좋을까요? ← **主語は「天気」＝三人称**

明日、天気いいですかね？

가게에 사람이 많을까요? ← **主語は「人」＝三人称**

お店に人が多いですかね？（混んでますかね？）

まとめると次のとおり。-ㄹ/을래요は、188ページを合わせて読んでくださいね。

語幹 **＋** ㄹ/을까요	主語が一人称 (私)	意向をうかがう(〜しましょうか?) ※相手の意思をうかがう＝勧誘の意味になることもある
	主語が 二・三人称 (私以外)	推測する (〜ですかね?)
語幹 **＋** ㄹ/을래요	平叙文	意志を示す (〜します) (188ページ)
	疑問文	意向をうかがう (〜しますか?／どうしますか?) ※相手の意志をうかがう＝勧誘の意味になることもある

| 練 | 習 | 問 | 題 |

🔊 42-4

次の日本語の意味にふさわしい語尾を入れてみましょう。

1 チキン食べに行きましょう。
　　치킨 먹으러 (　　　　　　).

> 「〜しに行く」の表現は
> 132ページを参考にして
> くださいね

2 韓国に行きませんか？
　　한국에 안 (　　　　　)?

3 (私が) 予約しましょうか？
　　(제가) (　　　　　)?

4 一緒に映画見よう！
　　같이 영화 (　　　　　)!

5 一緒にビール飲みに行きますか？
　　같이 맥주 마시러 (　　　　　)?

| 答 | え |

1 가요　**2** 갈래요
3 예약할까요　**4** 보자　**5** 갈래요

「〜ですね」の表現

▷ -네요、-군요、-지요？の使い分け

　相手に同意したり、同意を求めたりする時に「〜ですね、〜ですよね」なとど言いますよね。このような「〜ですね」には、おもに①-네요、②-군요、③ -지요？という表現を用います。

それぞれの意味と使い方　🔊 43-1

❶ 語幹 + 네요 （〜ですね、〜しますね）

例　조금 춥네요. 少し寒いですね。

　　인기네요. 人気ですね。

解説　「〜ですね、〜しますね」と感心や驚きを伝える表現。

作り方　用言の語幹に네요をつける。
名詞の場合 名詞 + (이)네요

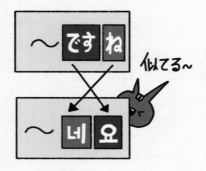

❷ 語幹 + 군요 （〜なんですね、〜なんでしょうね）

-네요が「〜ですね」で、-군요は「〜なんですね」のニュアンスに近いかな

例 그 메뉴가 맛있군요. そのメニューがおいしいんですね。

이게 신상품이군요. これが新商品なんですね。

解説 -네요と同じような意味を持つが、-네요よりやや硬い表現。

作り方 動詞の語幹に군요をつける。
（動詞の場合、는군요で使われる時もあり、過去形は過去形の
語幹＋군요になる。가다 行く→갔군요 行ったんですね）
形容詞の場合は、語幹に군요をつける。
名詞の場合 名詞 + (이)군요

---

❸ 語幹 + 지요 (죠)? （〜でしょう？ 〜ですよね?）

例 괜찮지요? 大丈夫ですよね？(いいですよね？)

멋있지요? かっこいいですよね？

解説 疑問文にして「〜でしょう？ 〜ですよね？」と相手に同意を
求める表現。会話では-지요を-죠と短くして言うことが多い。

作り方 用言の語幹に-지요 (죠)をつける。
名詞の場合 名詞 + (이)지요

勧誘や命令など、同意を求める以外の意味もたくさんあるけど、初級ではこれだけ知っておけば問題なし！

じゃ、「〜ですね」っていう時はどれを使ってもいいんだ？

どれも同じように思えるけど、ちょっとずつ意味が違うんですよね。まとめるとこんな感じです。

感心や驚きを伝える時 ➡ ❶ -네요 ❷ -군요
（〜ですね）

相手に確認、同意を求める時 ➡ ❸ -지요?
（〜ですよね）

それぞれの表現から요を取るとタメ口になります。韓国ドラマやバラエティ番組などでよく耳にしているはず。군は日常会話ではカジュアルに-구나と言うことが多いです。

-네 〜だな、だね 例 맛있네 おいしいね 、おいしいな

-군/구나 〜だな、だね 例 맛있군/맛있구나 おいしいね 、おいしいな

-지? だよね? 例 맛있지? おいしいよね?

「そうなんだ」を意味する
그렇구나もよく使いますよ〜

그렇네요、그렇군요の使い分け 🔊 43-2

①-네요、②-군요を使ったあいづち、그렇네요、그렇군요の使い分けに迷うという学習者も多いので、ここで解説しちゃいましょう。この２つには次のような違いがあります。

相手 〈 오늘 정말 춥네요. 今日本当に寒いですね。

自分でもいったん外に出たりして、寒いことを
知っている。

ずっと室内にいて、外が寒いのを知らない。

相手 〈 이거 진짜 맛있어요. これ本当においしいです。

自分でも食べて、おいしさを知っている。

自分では食べたことがなく、味を知らない。
はじめて知った。

　例からもわかるように、그렇네요は自分が直接経験して知っていることに
しか使えません。だから、어제 옷을 샀는데 너무 비쌌어요（昨日服を買っ
たんですが、とても高かったんですよ）と言われて、그렇네요と答えるのは
間違い。日本語で言うと「そうですね」と答えるような、ちぐはぐな返事に
なってしまいます。

では、試着中の知人とのこんなシーン。どっちが正解でしょうか？

Q. 이 옷 어때요? この服どうですか？

A. **1** 예쁘네요.

   2 예쁘군요.

い、①かな？

　そう、「きれいですね」を意味する①が正解！ この場合は試着をしたところを実際に見ているから네요。ちなみに②は「きれいなんですね」の意味になります。

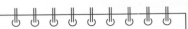

練　習　問　題

例にならい、次の単語を活用してみましょう。

	-네요	-군요	-지요 (죠) ?
例 그렇다 そうだ	그렇네요	그렇군요	그렇죠?
맛있다 おいしい	❶	❷	❸
재미있다 楽しい、おもしろい	❹	❺	❻
춥다 寒い	❼	❽	❾
귀엽다 かわいい	❿	⓫	⓬

答　え

❶ 맛있네요	❷ 맛있군요	❸ 맛있죠?
❹ 재미있네요	❺ 재미있군요	❻ 재미있죠?
❼ 춥네요	❽ 춥군요	❾ 춥죠?
❿ 귀엽네요	⓫ 귀엽군요	⓬ 귀엽죠?

※죠?는지요?でも正解

使い分けに迷う「グロ」シリーズ

▶ 그럴게요、그러게요、그렇게요

「今日はいい天気ですね」と聞かれて、「そうですね」と答えたい。そうしましょ、そうですね、そうですね……どれが正解かわかりますか？　あいまいになりがちな「グロ」シリーズを整理しましょう。

🔊 44-1

1 그럴게요
そうしますね

그러다（そうする）に ㄹ게요（〜しますね）がついた形。よって、그럴게요は「そうしますね」という意味になります。

> **A** 감기 조심하세요!
> 風邪に気をつけてくださいね!

> **B** 네. 그럴게요
> はい。そうしますね

2 그러게요
そうですね

그러다（そうする）に 게（〜ように）がつくと、共感を表す「それな、そうだよね」を意味する그러게になります。それに 요がついた形です。よって、그러게요は「ですよね、本当ですね、そうですね」という意味。

> **A** 배고프네요
> お腹空きましたね

> **B** 그러게요
> そうですね

Jooの
One Point Advice

요 だけで「です」を表す？

그렇게＋요で「そのようにです」。でも、「です、ます」は예요、이에요じゃないの？
と思いませんか？　じつは質問に答える時は요だけで「です」になります。パッ
チムがなければ요、あれば이요をつけましょう。

例 **Q 얼마에요?** いくらですか？　　**A 500원이요.** 500ウォンです。

Q 어디에 가요? どこに行くんですか？　　**A 홍대요.** ホンデです。

---

3 그렇게요
그렇다（そうだ）に게がつくと、「そのように」を
意味する그렇게になります。それに요がついた形。
よって、그렇게요は「そのようにです、そうして
ください」を意味します。「そのようにお願いしま
す」とも訳せます（この場合、그렇게 해 주세요
と言ったほうがよりていねいです）。

Ⓐ 어떻게 해 드릴까요?
　 이렇게 해 드릴까요?
どうしましょうか？ このようにしましょうか？

Ⓑ 네. 그렇게요
（그렇게 해 주세요）
はい。そのようにしてください。

그러게요は日常会話で
とてもよく使いますよ〜

AとBの回答のうち、質問にふさわしいものを選びましょう。

❶ **진짜 배고파요.** とてもお腹が空きました。

A. 그럴게요　B. 그러게요

❷ **오늘 너무 덥다. 그쵸? (그렇죠?)** 今日、暑すぎる。ですよね?

A. 그럴게요　B. 그러게요

❸ **내일 우산 꼭 들고 가세요.** 明日、しっかり傘持って行ってくださいね。

A. 그럴게요　B. 그러게요

❹ **빨리 집에 가고 싶다.** 早く家に帰りたい。

A. 그럴게요　B. 그러게요

❺ **집에 가면 연락해요.** 帰ったら連絡してくださいね。

A. 그럴게요　B. 그러게요

答え

❶ B. 그러게요
❷ B. 그러게요
❸ A. 그럴게요
❹ B. 그러게요
❺ A. 그럴게요

逆接を表す「〜だけど」

-(으)ㄴ/는데 と -지만 の使い分け

「〜だけど」を表す逆接表現には、①-(으)ㄴ/는데と②-지만があります。どちらも同じ逆接の意味ですが、-지만はフォーマルな場で使われることが多く、日常会話では-(으)ㄴ/는데をよく使います。

それぞれの意味と作り方 🔊 45-1

❶ 語幹 ＋ (으)ㄴ/는데 (〜だけど、〜けど)

例 비 오는데 우산이 없어요.
雨（が）降ってるけど、傘がありません。

이 드라마는 슬픈데 재미있어요.
このドラマは悲しいけど、おもしろいです。

쉬는 날인데 일하고 있어요.
休みの日ですが、仕事しています。

解説 「〜だけど、〜けど」を表す逆接表現。

作り方 動詞と存在詞の語幹に-는데、形容詞の場合はパッチムがなければ-ㄴ데、あれば-은데をつける。
名詞の場合 名詞 ＋ ㄴ/인데

-(으)ㄴ/는데の形は、じつは連体形＋데の形になっているんです。こっちのほうが覚えやすいかな？

過去のことを言いたい時に、間違って過去連体形の活用（語幹＋ㄴ/은）を使いがちなので注意しましょう。- (으)ㄴ/는데（〜だけど）の過去形は、次のように使います。

語幹 ＋ 았/었는데 （〜だったけど）

例 회사 갔는데 아무도 없었어요. ✕회사에 간데
会社に行ったけど誰もいませんでした。

---

❷ 語幹 ＋ 지만 （〜だけど、〜けど）

例 비가 오지만 우산이 없습니다.
雨が降っているけど、傘がありません。

스테이크는 맛있지만 비쌉니다.
ステーキはおいしいけど、高いです。

解説 少しかしこまったニュアンスがあり、ニュースや会議など、フォーマルな場での会話や書き言葉で使われることが多い。

作り方 用言の語幹に-지만をつける。

- (으)ㄴ/는데は逆接以外の意味もある！ 🔊 45-2

　韓国ドラマを見ていると、頻繁に「〜ヌンデ、〜ンデ」というセリフが聞こえてきませんか？　じつはこの -는데（-ㄴ/은/는데　※以下略）には、逆説以外にもいろいろな意味があって、会話でとてもよく使います！

1 前置きの는데

後ろの文を補足するために前置きとして使います。日本語の「〜から、〜けど、〜だし」に近いニュアンス。この場合も連体形＋데の形で使います。

例 **어제 그 카페 갔는데 진짜 맛있었어.**
昨日あのカフェ(に)行ったんだけど、めっちゃおいしかった。

불금인데 맥주 마실까？
花金だから、ビール飲もうか？

2 文末の데

「〜ですが……、〜ですけど……」と遠回しに表現したい時に、文末に데を使います。質問に回答したり、反対意見を言ったりする時に、角が立たないようにする意味があるほか、相手の返答を期待したり、独り言のようにつぶやく感じでもよく使います。

例 **A. 이거 되게 맛있는데요.** → 相手の返答を求めているニュアンス
これ、めっちゃおいしいんですけど。

B. 그래요？ 다행이다.
そうですか？ よかった。

그건 아닌데. それは違うけどな…。 → 独り言のようにつぶやく感じ

逆接の意味なら는데、지만どっちを使っても間違いじゃない。前置き、文末で使う時は 데を使おう！

枕詞としてよく使われる지만

지만にはかしこまったニュアンスがあるので、慣用表現でとてもよく使われます。次のような言い方を覚えておくと役立ちます。

枕詞として使うと、少し言葉の格が上がるかも！

例 **실례지만** 失礼ですが　　　**죄송하지만** すみませんが
별 거 아니지만 つまらないものですが
잘 모르겠지만 よくわかりませんが

-(으)니까(〜だから)との違い 🔊 45-3

　-(으)ㄴ/는데（〜だけど）と似たような意味を持つ表現に-(으)니까（〜だから）があります。これも、-(으)ㄴ/는데との使い分けに迷いがち。たとえば「花金だからビール飲みましょうか？」を、-니까を使って表現すると……

불금이니까 맥주 마실까요?

　-(으)니까は主観的なニュアンスが強いので、「花金である」という理由を強く主張しているように聞こえます。日本語に訳すなら「花金だから！　ビール飲まないと!!」ぐらいのニュアンスですね。
-(으)ㄴ/는데はただの前置きなので、「花金だし、ビール飲みませんか？」「（そういえば今日）花金だけどさ、ビール飲みに行きましょ？」ぐらいの、やわらかいニュアンスになるのです。

ところで、「花金」って韓国でも使うの？　日本ではもう死語のような…

うん。불금は불타는 금요일（燃え上がる金曜日）の略で、日本語で言う「花金」の意味だね。韓国では一般的な言葉として定着しているんだ

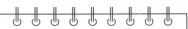

問題1　次の語句を-(으)ㄴ/는데を使ってつなぎ、ヨ体の文にしましょう。

❶ 시험이 있다　試験がある／시간이 없다　時間がない
❷ 날씨(가) 좋다　天気が良い／같이 놀러 가다　一緒に遊びに行く
❸ 바쁘다　忙しい／괜찮다　大丈夫だ

問題2　次の語句を-지만を使ってつなぎ、ヨ体の文にしましょう。

❶ 맛있다　おいしい／비싸다　高い
❷ 싸다　安い／좋다　良い
❸ 어렵다　むずかしい／재미있다　楽しい

問題1　❶ 시험이 있는데 시간이 없어요.
　　　　❷ 날씨(가) 좋은데 같이 놀러 가요.
　　　　❸ 바쁜데 괜찮아요.

問題2　❶ 맛있지만 비싸요.
　　　　❷ 싸지만 좋아요.
　　　　❸ 어렵지만 재미있어요.

推測を表す「〜だと思います」

▷ -것 같다、-나 보다、-ㄹ/을 거예요の使い分け

　自分の意見を言う時に、日本語では「〜だと思います」という言い方をしますよね。でもこれを「思う、考える」を意味する생각하다という単語で直訳すると不自然。ふだんの会話ではあまり使いません。

例 **明日、雨が降ると思います。**

✕ 내일 비가 온다고 생각해요. ➡ **不自然に聞こえがち**

どう言ったらいいの〜？

確信の度合いによって使い分けよう 🔊 46-1

　では、実際によく使う表現を紹介しましょう。自分の考えを伝える時は「〜だと思います」という推測表現を使います。次のような3つの表現があり、右にいくほど確信が高くなります。

$$-것\ 같다 < \begin{array}{c} -나\ 보다 \\ -ㄴ/은가\ 보다 \end{array} < -ㄹ/을\ 거예요$$

連体形 + 것 같다 (〜のようだ)

「もしかすると」や
「ひょっとすると」が
つくイメージに近い

例 내일 비가 올 것 같아요.

（もしかすると）明日、雨が降ると思います。

解説 「〜のようだ、〜みたいだ」という推測表現。確信の度合いは
低く、主観的で根拠がなく、消極的なニュアンス。

作り方 用言の連体形に-것 같다をつける。

語幹 + 나 보다
語幹 + ㄴ/은가 보다 (〜みたいだ、〜ようだ)

例 내일 비가 오나 봐요. 明日、雨が降るみたいです。
오후에는 더운가 봐요. 午後は暑いようです。

目にしたことが根
拠になる感じ。「み
んなが傘を持って
いるから」とか…

解説 「〜みたいだ、〜ようだ」を表す推測表現。見たり聞いたりして、
なんらかの根拠がある場合の言い方。確信は弱いが根拠はある。

作り方 動詞と存在詞の場合は語幹に-나 보다、
形容詞の場合は語幹に-나 보다、-ㄴ/은가 보다、
指定詞の場合は語幹に-인가 보다をつける。

形容詞の場合、-나 보다、-ㄴ/은가 보다ともに、
ニュアンスの違いなく使われます

-ㄹ/을 거예요 （〜すると思います、〜でしょう）

「天気予報で見たから」などの根拠がある

例 **내일 비가 올 거예요.**

明日、雨が降ると思います。

解説 「〜すると思います、〜でしょう」という推測表現。根拠があって確信している場合に使う。

作り方 用言の語幹にパッチムがなければ-ㄹ 거예요、あれば-을 거예요をつける。

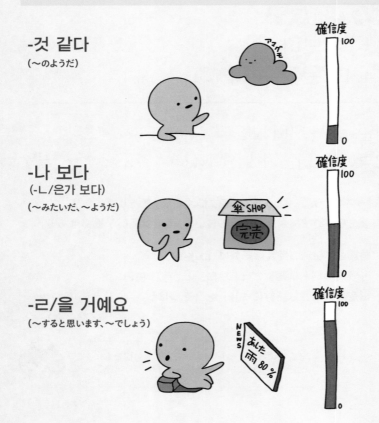

-것 같다
（〜のようだ）

確信度

-나 보다
（-ㄴ/은가 보다）
（〜みたいだ、〜ようだ）

確信度

-ㄹ/을 거예요
（〜すると思います、〜でしょう）

確信度

あれ？ -ㄹ/을 거예요は意志を
表す「〜するつもりです」という
意味じゃなかったっけ？

その意味もあるね
（187ページ）。よく
覚えてるじゃん！

-ㄹ/을 거예요は主語に注目！

🔊 46-2

　-ㄹ/을 거예요は、主語が二人称、三人称になると推測の意味で使われる
傾向があります。-ㄹ/을 거예요が出てきたら主語に注目するといいですよ。

例 저는 중국에 갈 거예요. ➜ **主語が一人称** ➜ 意志を表す

私は中国に行くつもりです。

친구는 미국에 갈 거예요. ➜ **主語が三人称** ➜ 推測を表す

友だちはアメリカに行くと思います。

🔊 46-3

例にならい、次の単語を活用してみましょう。

	連体形＋것 같다	(動詞・存在詞) 語幹＋나 보다 (形容詞) 語幹＋나 보다 語幹＋ㄴ/은 가 보다	語幹＋ ㄹ/을 거예요.
例 **바쁘다** 忙しい	바쁠 것 같다	바쁜가 보다 바쁘나 보다	바쁠 거예요
가다 行く	❶	❷	❸
재미있다 おもしろい	❹	❺	❻
많다 多い	❼	❽	❾
자다 寝る	❿	⓫	⓬

答え ❶ 갈 것 같다　❷ 가나 보다　❸ 갈 거예요
❹ 재미있을 것 같다 ❺ 재미있나 보다 ❻ 재미있을 거예요
❼ 많을 것 같다　❽ 많은가 보다/많나 보다
❾ 많을 거예요　❿ 잘 것 같다　⓫ 자나 보다
⓬ 잘 거예요

名詞+하다で動詞になる

じつは万能!? 하다の使いこなし

사랑하다（愛する）、공부하다（勉強する）など、韓国語には〇〇하다という単語がたくさんあります。でも하다が「〜する」という意味以外でも使われていることを知っていますか？ じつは、とても使い勝手がいいのです。

> ネイティブの人たちって「する」の意味じゃない時も하다を使ってるよね？

名詞+하다で「アレする!」

🔊 47-1

하다を使って、次のような言い方ができます。

한국어(를) 하다 韓国語を話す

친구(를) 하다 友だちになる

머리(를) 하다 ヘアスタイルを変える

목걸이(를) 하다 ネックレスをつける

밥(을) 하다 ご飯を作る、食事を準備する

맥주(를) 한잔 하다 ビールを1杯飲む

가게(를) 하다 お店を運営する

핸드폰(을) 하다 携帯をいじる

もちろん、맥주(를) 마시다（ビールを飲む）、한국어(를) 말하다（韓国語を話す）のような表現もできるけど、簡単に하다で言うことも多いんです。

> 머리(를) 하다 は直訳すると「頭をする」。これで「ヘアスタイルを変える」という意味になるんだよね

> そうなんだ！ 日本語で「アレして、コレして」って省略するみたいな感じかな

名詞＋하다は、単語を思い出せない時にも使えます。たとえば「歌う」という単語が出てこなかったら、「歌をアレする」というニュアンスで、노래(를) 하다と言えば通じます。わからない時は、とりあえず하다をつけたら話が通じる可能性が高い！

外来語／スラングとしても使われる하다  47-2

　名詞＋하다は外来語と組み合わせたり、スラングとしてもよく使われます。

플렉스하다 → FLEX ＋ する

　FLEXは「自分が所有しているものを自慢する」意味で使われるヒップホップのスラングです。衝動買いや思いっきり何かを買った時（大人買い）によく使われます。

例 플렉스해 버렸지 뭐야. 買っちまったよ.

힐링하다 → ヒーリング ＋ する

「落ち着くこと、癒し」を意味する英語 healing が元になっていて、そのまま「ヒーリング」という意味でよく使います。

例 힐링하고 싶다. 落ち着きたい (癒されたい).

혼밥하다 → 一人ご飯 ＋ する

　一人でご飯を食べることを하다で表します。혼밥は혼자 먹는 밥（一人で食べるご飯）を縮めて言ったスラングです。

例 혼밥하고 있어? 一人でご飯食べてるの?

練 習 問 題

次の日本語を韓国語にしましょう。下のヒントを参考にしてくださいね。

1 友だちになりませんか？………… (   ) **?**

2 韓国語、できますか？……………… (   ) **?**

3 ヘアスタイル、変えました。………… (   ) **.**

4 ビール、1杯飲みましょうか？…… (   ) **?**

5 今、ご飯を炊いています。…………… **지금,** (   ) **.**

ヒント 友だちになる **친구 하다** 韓国語を話す **한국어 하다**
ヘアスタイルを変える **머리 하다** ビールを1杯飲む **맥주 한잔 하다**
ご飯を作る（食事を準備する）**밥 하다**

答 え

1 친구 안 할래요（=친구가 될래요）

2 한국어 할 수 있어요（=한국어를 말할 수 있어요, 한국어 할
줄 알아요）

3 머리 했어요（=헤어스타일을 바꿨어요）

4 맥주 한잔 할까요（=맥주를 한잔 마실까요）

5 밥 하고 있어요（=밥 짓고 있어요 / 식사를 준비하고 있어요）

気まぐれ 되다 の法則

▷ 되다にはたくさんの意味がある

　되다といえば「〜になる」という訳が浮かびますが、じつは 4 つの意味
があります。意外とよく使う単語なのでしっかりチェックしておきましょう。

> 되다ってさ、意味
> めっちゃ多くない?

되다のおもな4つの意味　　　🔊 48-1

1 状態の変化を表す

名詞 + 가 / 이 되다 （〜になる）

> 「〜になる」は助詞
> 이/가を使い「〜が
> なる」と表します

例 엄마가 돼요. 母になります。

　가수가 되고 싶어요. 歌手になりたいです。

解説 　何かになった結果を表す。

作り方 　名詞の語幹にパッチムがなければ가 되다、あれば이 되다
　　　　をつける。

> 「韓国語を勉強して1年
> になる」とか、月日の
> 経過にも使えるんだね

2 許可を表す

-아/어形＋도 되다（〜してもよい）、語幹＋(으)면 되다（〜するとよい）、語幹＋(으)면 안 되다（〜してはダメ、〜するとよくない）は、許可を表す文型としてよく使われます（詳しくは129ページを参照してください）。

例 **먹어도 돼요?** 食べてもいいですか？

됐어요. (断る時の)いいです／けっこうです。

> 断る時、日本語では「いいです」って言いますよね。でも、そのまま直訳して、좋아요って答えではダメ。この間違い、意外に多いんですよ〜

3 完成を表す

何かをやり終えたり、完成したことを意味するほか、何かがある材料や成分で完成されていることを意味します。

例 **됐다!** (完成した時に)できた！

된 사람 できている人
※「人格が完成されている」という意味で使う

케이크는 밀가루로 되어 있어요.
ケーキは小麦粉でできています（作られています）。

> 되다は「できる」の意味も持っているんだね

4 受身を表す

特定の語について、受身の意味で使われます（韓国語の受身表現については次ページで詳しく解説します）。

例 **생산되다** 生産される   **작성되다** 作成される

   상영되다 上映される   **사용되다** 使用される

   처리되다 処理される

되다の用法は、韓国語にたくさん触れることで慣れてきます。いろいろな表現を見たり、聞いたり、実際に使ったりしながら徐々に覚えていきましょう。

「〜してもらった、された」の表現

韓国語には受身表現がない!?

日本語では「友だちに名前を聞かれた」「雨に打たれた」「日記を読まれた」などの受身表現をよく使いますよね。でも、そのまま韓国語に直訳するのは間違い。じつは、韓国語では受身の表現をあまり使わないのです。まずは、韓国語での"受身"表現に慣れていきましょう。

韓国語で受身表現をする時のポイント 🔊 49-1

1 おもな行動をする人を主語にする

韓国語では、おもな動作を行う人を主語にする特徴があります。たとえば、「(私は) 友だちに名前を聞かれた」で考えてみましょうか。この場合、おもな動作を行う人は、「名前を聞く」友だちですよね？ よって主語を「私」から「友だち」に入れ替えて文を組み立てます。

△ 저는 친구에게 이름을 들었어요. (?)
　私は友だちに名前を聞かれた。

> 主語を친구に変える!

○ 친구가 저에게 이름을 물었어요.
　友だちが私に名前を聞いた。

> 듣다 (聞く)が
> 묻다 (たずねる)
> に変わります

2 「〜してもらう」に受다は使わない

　日本人学習者のみなさんが苦手とするのが、「(AがBに) 〜してもらう」という言い方です。「もらう」にあたる韓国語は受다 (受ける、もらう) ですが、受다は使いません。この場合は주다を使って、「(BがAに) 〜してくれる」とするのが自然です。

✕ 친구에게 한국말을 가르쳐 <u>받았어요</u>.

　　友だちに韓国語を教えてもらいました。

○ 친구가　한국말을 가르쳐 <u>줬어요</u>.

　　友だちが韓国語を教えてくれました。

「〜してくれる」に言い換えると助詞も変わるので注意しましょう

「〜してもらう、〜していただく」と言いたい時は、次の「〜してくれる、してくださる」の表現を使いましょう。

> -아/ 어形 + 주다/주시다
> 〜してくれる／〜してくださる

このまま覚えちゃえばいいね！

なるほど〜

副詞を使って表現力アップ

行動や状況を強調してみよう！

「早く」着いた、「とても」寒い、など動詞や形容詞を修飾するのが副詞。韓国語の副詞も日本語と同じ、強調したい単語の前に入れて使います。

◀)) 50-1

例 너무 배고파요. とてもお腹（が）空きました。
　　副詞　　動詞

벌써 일년이 지났네요. もう1年経ちましたね。

더の位置に注意！

◀)) 50-2

ただし、더（もっと、もう〜）を使う時は、더の位置に注意しましょう。

・「もっと」の意味で使う時は、더を先に

例 더 먹을게요. もっと食べますね。
　 더 많이 もっとたくさん

・「もう〜」という表現で使う時は、더を後ろに

例 조금 더 もう少し
　 하나 더 もう1つ

조금を縮めて좀とも
よく言います

よく使う副詞のまとめ

　韓国語は日本語と文章の構造がとても似ているので、日本語を韓国語に置き換えていけば、簡単に文章を作ることができます。　🔊 matome 5-1

・頻度を表す副詞

副詞	意味	例文
항상、늘、언제나 ※日常会話でよく使うのは항상,늘	いつも	항상 드라마 봐요. いつもドラマ見ます。
가끔	たまに	술은 가끔 마셔요. お酒はたまに飲みます。
자주	よく (たびたび・ しばしば)	친구랑 자주 놀아요. 友だちとよく遊びます。

・確度を表す副詞

副詞	意味	例文
아마、아마도、어쩌면[※]	たぶん	아마 그럴 거예요. たぶんそうだと思います。
꼭、반드시	必ず、絶対、 きっと	꼭 갈게요. 絶対行きますね。

※어쩌면はほかの2つよりも確実性が低く、「もしかすると」に近い。

・速度を表す副詞

副詞	意味	例文
일찍	早く	일찍 일어났어요. 早く起きました。
빨리	速く、早く (急いで)	빨리 해 주세요. 速くして(急いで)ください。
천천히	ゆっくり	천천히 오세요. ゆっくり来てください。

・時を表す副詞

副詞	意味	例文
아까	さっき	아까 왔어요. さっき来ました。
지금	いま	지금 뭐 해요? いま何していますか？
앞으로	これから	앞으로도 잘 부탁합니다. これからもよろしくお願いします。
이따가、나중에	後で	이따가 연락할게요. 後で連絡しますね。 나중에 만나요. 後で会いましょう。
다음에	今度	다음에 같이 밥 먹어요. 今度、一緒にご飯食べましょう。
벌써	もう	벌써 왔어요? もう来ましたか？
갑자기	急に	갑자기 무슨 일이에요? 急にどうしたのですか？
바로、금방	すぐ	금방 끝내겠습니다. すぐ終わらせます。

・状態・量を表す副詞

열심히	一生懸命に	열심히 하겠습니다. 一生懸命やります。
같이、함께 ※日常会話でよく使うのは같이	一緒に	같이 영화 보러 가요. 一緒に映画見に行きましょう。
더	もっと	더 주세요. もっとください（おかわりお願いします）。
너무、되게、엄청	とても	너무 웃겨요. とてもウケ（笑え）ます。
잘	よく	잘 몰라요. よくわかりません。

・そのほかの副詞

副詞	意味	例文
또	また、ほかに	또 만나요. また会いましょう。 또 어떤 게 있어요? ほかにどんなのがありますか？
다시	もう一度、再び	다시 전화할게요. もう一度電話します。
먼저 우선 일단	まず、先に とりあえず、いったん	먼저 가세요. (どうぞ) 先に行ってください。 우선 손 씻으세요. とりあえず、手(を) 洗ってください。 일단 생각해 볼게요. いったん考えてみます。
별로	あまり、別に	별로 안 좋아해요. あまり好きではありません。

意味の違いはビジュアルで理解しよう 🔊 matome 5-2

「いつも」と「たまに」、「急に」と「すぐ」など、副詞は意味が似ているものが多いので、図で整理しながら理解するのがおすすめです。

・頻度を表す

항상、늘、언제나 いつも

자주 가끔
よく たまに
(たびたび・しばしば)

・確度を表す

꼭、반드시 必ず、絶対、きっと

아마、아마도、어쩌면
たぶん

・速度を表す

빨리 速く、早く (急いで)

일찍
早く

천천히
ゆっくり

・時を表す

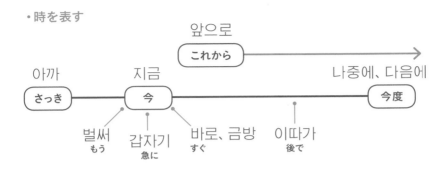

앞으로
これから

아까　　　　　　지금　　　　　　　　　　　　　　　나중에, 다음에
さっき　　　　　　今　　　　　　　　　　　　　　　今度

벌써　　갑자기　　바로, 금방　　이따가
もう　　急に　　　すぐ　　　　　後で

・状態・量を表す

열심히
一生懸命に

같이, 함께
一緒に

더
もっと

おかわり！

너무, 되게, 엄청
とても

とても
おいしい！

「とても」の使い分け

▷ **会話でよく使うのは3つだけ！**

　では、次に副詞の使い分けについて解説します。まずはこれ！　じつは、韓国語には「とても」を意味する単語がめちゃくちゃ多いんです。너무、아주、되게、매우、참、무척、엄청……。これぜ〜んぶ「とても」の意味！

「とても」の使い分けは？　🔊 51-1

　ただし、実際に日常会話でよく使う単語は、以下の3つです。これ以外はかしこまったニュアンスなので、日常会話ではあまり使いません。

너무　되게　엄청

> 推しが「とてもかっこいい」とか「とてもかわいい」とか、「とても」を使いたい時がいっぱいあるよ〜

너무

例 너무 보고 싶어요. とても会いたいです。

> 보다（見る）は「会う」という意味でもよく使います

되게

例 되게 더워요. とても暑いです。

엄청

例 엄청 힘들어요. とても大変です。

> ところで진짜って言うネイティブも多いよね

「とても」のほかにも、정말／진짜（本当に、マジで）、완전（完全に）など強調する単語はたくさんあるけど、ニュアンスの違いはさほどなく、人によってよく使う言葉が違う、という感じ。言いやすいものを使えばOK!

> 「めっちゃおいしい」って言うか、
> 「超おいしい」で言うかの違いか！

Jooの **One Point Advice**

日本語の「〜すぎる」に使える너무

너무は元々「〜すぎる」という意味で、ネガティブな状況で使われていましたが、近年は強調する意味でも使います。日本語でも「全然、大丈夫」「おいしすぎる」など、ネガティブ表現を強調の意味で使いますよね？ このように韓国語でも、너무を強調の意味で使うんです。

例 너무 맛있어.
とてもおいしい。 → おいしすぎる。

너무 재미있어.
とてもおもしろい。 → おもしろすぎる。

「すぐ」の使い分け

바로 と 금방 の違いとは？

使い分けに迷う副詞No.2、は「すぐ」を意味する바로、금방。使い分けしなくても間違いではないけど、知っていると意図が伝わりやすくなります。待ち合わせに遅れて、相手から電話がかかってきた時の会話を考えてみましょう。

相手 もう待ち合わせ場所にいるんだけど…。いつ来るの？

私 今すぐ行くね！ 지금 바로 갈게！ ／금방 갈게！　🔊 52-1

それぞれの意味と使い分け

바로 直進！

바로には「まっすぐ、一直線に」というニュアンスがあります。

時間的にすぐ行くかどうかはわからないけど、どこにも寄らずに向かう感じ。

금방 なる早で！

금방には「時間的にすぐ！（なるべく早く）」というニュアンスがあります。

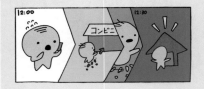

今すぐ出発するか、どこかに寄るか、まっすぐ目的地まで行くかどうかはわからないけど、とりあえず短い時間で行くという感じ。금방は지금（今）とは一緒に使いません。

別のシーンで考えてみる

Case1 「お店はすぐそこだよ」という場合

　たとえば、待ち合わせ場所（お店）にたどり着けない知人からの電話。
「(お店は) すぐそこにありますよ」と答える場合、どちらが正解でしょう？

Q. ❶ 바로 거기에 있어요.
　 ❷ 금방 거기에 있어요.

どちらも正解
なのでは？

A.　正解は❶の바로。位置的に「すぐ」という話なので、時間的な意味の
　　금방は少し不自然です。

Case2 「すぐメール送ります」という場合

　では、次。メールが届かないことを催促されて、「すぐメール送ります」と
答える場合は、どちらが正解でしょう？

Q. ❶ 바로 메일 보내겠습니다.
　 ❷ 금방 메일 보내겠습니다.

A.　正解は、どちらでも大丈夫。

えー！ 両方使える場合もあるんだね

　❶はほかの業務があっても、とりあえずメールを今すぐ送る、「まっすぐ行
動する」というニュアンス。❷はほかの業務を先にするかもしれないけど、「な
るべく早く短時間でメールを送る」というニュアンス。だからどっちも使え
るというわけです。違いをわかってもらえましたか？

「後で」の使い分け

이따가、나중에、다음에

「後で」を意味する代表的な単語には①이따가、②나중에、③다음에があります。この使い分けも図で覚えてしまいましょう。

ニュアンスの違いを解説　　🔊 53-1

이따가 → 遅くても今日中に！

「もう少し後で」というニュアンスがあり、「遅くても今日中に」というイメージ。

このあたりが이따가

나중에 → とりあえず後で！

「後で」のほかに「今度」という意味もあるので、①이따가よりは時間的にあいまいなニュアンスがあります。「とりあえず後で」という時に使うのがおすすめ。

このあたりが나중에

今日中かもしれないし、日をまたぐかもしれない……

たとえば、「後で電話するね」と言う場合、次のような違いがあります。

例 이따가 전화할게. → 「今日中に」というニュアンス

나중에 전화할게. → 「いつになるかわからない」けど、「とりあえず、後で」とニュアンス

 これで約束する時も問題なし！

전화할게요にすると、ていねいな言い方になるよ

나중에 と 다음에 の違いは？ 🔊 53-2

나중에（後で、今度）と似た意味の다음에（今度）についても解説しちゃいましょう！　다음에は나중에よりもっと先、もっと後のニュアンスです。

다음에 → 나중에よりもっと先

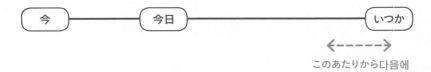

このあたりから다음에

「今度一緒にご飯食べよう」と言う場合、次のような違いがあります。

例 다음에 같이 밥 먹자. → 今度一緒にご飯食べよう

나중에 같이 밥 먹자. → 今日なのかいつになるかわからないけど、後で／今度一緒にご飯食べよう

나중에は「ちょっと後で」という意味にもなるので、다음에のほうが社交辞令でよく使われます。

다음에、単語を50個覚えてみようと思います！

（本気じゃないな、これは……）

（今度）
다음에

ごはん
行こう！

本当かな
…

MEMO

さらなる
レベルアップに向けて

初級に必要な文法がだいたいつかめてきたよ。もっとがんばって、いっぱい話せるようになって、早く初級を卒業したいなぁ。

いい感じだね！

ところで、初級と中級の違いってどこにあるんだろう？　いつになったら「初級卒業」って言っていいのかな？

言語はスピーキング、ライティング、リーディングなど、いろいろな要素があるからね。簡単に言うと、中級は初級より「微妙なニュアンスを理解して使いこなせる」ようになることかな。

たとえば、日本語で

「今日はご飯を食べて、テレビを見て、寝た」

ということを

今日はご飯を食べてから、テレビを見て寝た。

今日はご飯を食べながら、テレビを見ている途中、寝てしまった。

今日はご飯を食べたり、テレビを見たり、寝たりしていた。

と言えたりする。同じ日常を話していても、言い方によって微妙にニュアンスが変わってくるよね？　韓国語でも同じこと。

오늘은 밥을 먹고, 텔레비전을 보고 잤다.

これで「今日はご飯を食べて、テレビを見て、寝た」の意味だけど、次のように言える（左の日本語の文に対応）。

오늘은 밥을 먹고 나서, 텔레비전을 보고 잤다.

오늘은 밥을 먹으면서, 텔레비전을 보는 도중에 자 버렸다.

오늘은 밥을 먹거나, 텔레비전을 보거나 자거나 했다.

たしかにもっと状況が想像できてわかりやすい！

逆に言うと、初級だけでも簡単なコミュニケーションはできる。でも、中級以上になると微妙なニュアンスがわかるようになるから、もっと「自分が言いたいことをしっかり伝える」ことができるようになるよね。それで「より深い話」ができて、その国の人と「もっと深くつき合う」こともできるんだよね。

なるほどね〜。私も推しの言葉を深く理解したい！ 中級にステップアップできるようにがんばろう。

お わ り に

　日本に留学し、少しずつ日本語に慣れてきた頃、ふとこんなことを思ったことがあります。

「韓国語を話す自分と日本語を話す自分が、少し違うような気がする」。なぜか日本語を話す時は、韓国語を話す時とは声のトーンもリアクションも変わって、本来の自分ではないような気がしてきたのです。

「あれ？　私ってこんな性格だったっけ？」

　いつしか、「母国語を話す自分」と「外国語を話す自分」の違いに、違和感を抱くようになりました。「どっちが本当の自分なんだろう。私の居場所は韓国？　日本？　どっちだ？」

　でも、そんな "2人の自分" を受け入れたら、今まで知らなかった新しい自分に出会うことができ、考え方も生き方も変わりました。「語学を学ぶことで世界観が広がるような、このような経験をよりたくさんの人と共有していきたい！」と思い、言語を教えることや教育事業に魅力を感じるようになりました。そして現在、自分の母国語である「韓国語」を、非ネイティブの方に向けて紹介する仕事にたどりつきました。

「韓国語」という言語が、単なる新しい外国語ではなく、みなさんにとっての「新しい自分に出会える」きっかけになればうれしいです。みなさんの新しい挑戦を心から応援します。

Joo

著者プロフィール

Joo（じゅー）

韓国生まれ、 韓国語講師。
高校生の頃より日本語や日本の文化に興味を持ち、韓国の大学に入学するも
日本の大学に再入学。友人や知人の依頼で韓国語の個人レッスンを始めたと
ころ、しだいに生徒数が増え、大学のエクステンションセンターや新聞社主催
の文化センターなどで韓国語を教えるようになる。4年間の韓国語講師生活の
後、日本の一般企業に入社したが、「やっぱり韓国語を紹介する仕事をした
い」と転職。現在はYouTubeやPodcastを中心に、教育コンテンツを作る仕事
をしている。人気のYouTubeチャンネル「JOO【じゅー】ちょっと楽しくなる韓
国語」は、2019年に開設。「これまでの語学参考書にはなかった学習法なの
で覚えやすい!」「楽しくて続けられる」とたちまち話題となり、現在では登録
者数18万人を超える支持を得ている（2021年6月現在）。2019年には韓国語
講師も再開。2021年2月には、延世大学校韓国語教師研修所 外国人のため
の韓国語教育課程修了。

YouTube：JOO【じゅー】ちょっと楽しくなる韓国語
Instagram：@enjoyjoojyu

イラスト&図解でかんたん！
Joo式 韓国語レッスン

2021年 7 月28日　初版発行
2024年11月10日　5 版発行

著者　　　Joo
発行者　　山下直久
発行　　　株式会社KADOKAWA
　　　　　〒102-8177　東京都千代田区富士見2-13-3
　　　　　電話0570-002-301（ナビダイヤル）
印刷所　　大日本印刷株式会社

●お問い合わせ
https://www.kadokawa.co.jp/（「お問い合わせ」へお進みください）
※内容によっては、お答えできない場合があります。
※サポートは日本国内のみとさせていただきます。
※Japanese text only

定価はカバーに表示してあります。